# Cosas que quiero decir

## Salomé Moltó

ISBN:1987542797

ISBN-13:9781987542790

# DEDICATORIA

A los jóvenes en general, que son nuestro futuro, con el vivo deseo de que sigan creando tanto como puedan.

# Contenido

# Agradecimientos

Cuando se pone en marcha un proyecto como éste, no siempre se tienen los recursos necesarios para lograr nuestro objetivo.

Pero esta vez he podido contar con personas amantes de la cultura y de la literatura que me han animado a que este trabajo sea una realidad. Me place anotar sus nombres con mi profundo agradecimiento:

Cesar Tamborini (León), José Bueno (Valencia)

Marian Muiños (Barcelona), Sonia Jordá (Alcoy)

Norberto Pannone (Argentina), Emi Pérez (Alcoy)

Josef Carel (Israel), Daniel de Cullá (Madrid)

Enrique Rosell (Carcagente), Beatriz Martínez (Sevilla)

Tomás Barriento (Huelva), Rafael Bueno Novoa (Loyola)

Alfredo González (Madrid), Sandra Pintos (Argentina)

# 1 intimidades

El sentimiento creativo, es la mayoría de las veces, el que anida en el fondo de todo proyecto, porque no queremos quedarnos solo con las obligaciones que a diario tenemos que atender. Crear es un escape de la rutina.

# Adiós

La mesa está puesta, la cena la tienes en el horno, si no te detienes en el bar con los amigos, creo que todavía la encontrarás caliente.

No he podido evitar darme un paseo por toda la casa, no tanto por dejar las cosas limpias y ordenadas, sino para ir recordando tantos y tantos momentos idos. Momentos buenos y menos buenos con los que hemos jalonado nuestra existencia. Desde el salón me llega la voz de Gardel "Adiós muchachos compañeros de mi vida..."

Ese cuadro que me regaló tu hermana cuando acabó la carrera de Arte, muy agradecida por toda la ayuda que le prestamos. El jarrón que trajimos de Limoges que Pedro casi nos rompe cuando, de pequeño, lo cogió en uno de nuestros descuidos. Todo ha vuelto a mi mente y ¿cómo decirte toda la angustia de las vivencias que van configurando la existencia? Casi sin darte cuenta surge un montón de recuerdos que habías olvidado y que, de repente, vuelven imperiosos imponiéndose. Mil reproches surgen de lo que hiciste o de lo que dejaste por hacer. Pero ya nada de todo esto importa, aunque ante un adiós, sin saber por qué, repasas tu vida de mil maneras.

Este momento, aquel otro evaluando acontecimientos felices, otros no tanto. La economía familiar que nunca llegamos a ajustar ni a mi gusto ni a al tuyo. Tengo que reconocerlo, la economía, siendo tú quien la gobernaba y con lo que me otorgabas, no dejaba margen para muchas cosas aparte de la estricta comida. Ya sé, los gastos del niño sí se cubrían, tanto como los de los días de caza, sí esos días que te ibas a La Mancha con tu amigo Juan y en donde desaparecían los esfuerzos y el ahorro de tantos meses. Pero tú tenías que irte, yo ya me compraría el vestido, si se podía, que las más de las veces, era que no.

¡Cuantas preguntas surgen a la mente, también reproches! hubiera querido hacer esto, o aquello, no reaccioné a tiempo ante tal o cual exigencia. En estos casos tan dolorosos, en los que las dos partes tienen tanto que decir y que se suele solo ver lo negativo del otro, yo he decidido ver mi responsabilidad tanto como la tuya, que nos lleva a este adiós, dichoso para ti y tan frustrante para mí.

Pensaba que sería más difícil decirte adiós. En cambio, ahora estoy tranquila, temía dejar todo cuanto configuraba mi existencia, pero sin tu amor, ¿qué puede importarme el jarro de porcelana, los hermosos cuadros, las sábanas de seda o el sillón reclinable?

Claro que mientras te crees amada, todo se aguanta, aunque la dedicación que recibes sea escasa. Por eso cuando hablamos y me dijiste que ya no me amabas, que otra ocupaba mi lugar en tu corazón, ¿qué mejor solución que decirnos adiós?

Ya sé, tengo que aceptar que todo empieza y termina, que nada es para siempre. Que debemos otear otros horizontes y aunque partamos con el corazón roto y el ánimo abatido, seguro que este adiós que te brindo y que te libera de mí, me abrirá el camino a otros recursos y otras esperanzas porque este adiós, es más que cerrar una puerta, es abrir una ventana al cielo. Un cielo lleno de esperanzas, de promesas, en el que tanto tengo que conquistar y en donde pienso tener mi lugar, ni por debajo ni por encima de los otros, justo al lado de los demás. Mientras Gardel continua con su "Adiós muchachos compañeros..." Adiós Gardel.

## Agua

En el camino que va desde el pueblo al pico Tell, hay una casa de campo con una explanada delante de la puerta principal, en cuyo centro se encuentra un pozo pintado de azul.

Cuando subes la cuesta, ves durante un tramo del camino, la elegante construcción. Recuerdo que muchas veces, una mujer de avanzada edad, sacaba agua del pozo sirviéndose de un cubo atado a una soga. Lo más sorprendente, el deleite que expresaba al beber el agua del cubo con un vaso que sostenía firmemente en la mano.

Me paré un día, al bajar del pico Tell en pleno verano, aturdida por un calor sofocante. La mujer me ofreció un vaso lleno del agua cristalina que bebí con tanto placer. Ya lo había hecho alguna vez cuando bajaba durante mis excursiones campestres.

- Buena, ¿no?

- ¡Deliciosa, y con este calor me sabe a gloria!

- ¡Más aún, creo que sabe a amor!

- Una mañana de oro después de una noche de plata, el dolor y el desamor se ahogaron en el agua.

¿Me estará recitando un poema la buena señora? Me dije para mis adentros. Y como si adivinara mis pensamientos repuso:

- Ya se lo sencillos que son mis versos, pero dicen verdades. Marita desapareció y todos dicen que se fue con su amante, lejos, muy lejos, porque ya nunca volvió. Yo sé que no fue así. Para impedir que se fuera con su amor, su padre la echo adentro del pozo.

- ¡Oh, no me diga! -repuse visiblemente impactada.

- Desde entonces esta es el agua más dulce, más sabrosa y refrescante que existe. Penetra hasta lo más recóndito de tu ser, es la fuerza de su amor que te invade. ¡Saboreé, saboréela! - dijo con énfasis.

- Ella desde el fondo del pozo le regala todo la pasión que su amor frustrado le dio -dijo al tiempo que miraba el pozo y el vaso de agua.

Conocía la historia de la joven Marita, que había desaparecido, pero que su padre la hubiera matado y echado al pozo, me parecía un total desatino.

La señora del vaso de agua y el pozo era la tía de aquella joven desaparecida, y resultó la única superviviente de aquella solitaria familia, la del olvidado caserón a medio tramo del encrespado camino hacia el pico más alto del contorno.

Me fui casi corriendo, bastante presurosa al tiempo que empecé a sentir en el último sorbo de agua, un sabor extraño que me apretaba la garganta.

## Aquello, que fue… ¿y?

Sí, aquello que fue… Hermoso, huelga que me lo comentes, no te excuses, ya no sirve de nada, no tienes por qué repetirlo, si lo fue para ti, también lo fue para mí. Lo que no pudimos pensar es que fuese tan efímero, tan poco profundo y volátil.

Y, ¿de todo ello, qué queda hoy? El destino nos fue avieso, jugó en contra nuestra, me dirás y que nos arrastró inmisericorde y contra nuestra voluntad al olvido, a terminar con todo. Solo ha sido un olvido parcial, porque yo seguí esperando, para que aquello no fuese, un fue, sino, un continuo ser, un no dejar de ser.

Ya lo sé, el pueblo es pequeño, no hay trabajo. Cerca está el mar y... el barco que zarpó con rumbo lejano llevándote, ¿y? Ya sé, siempre lo he sabido. Otros ambientes, otras circunstancias, otras personas, sobre todo, otras mujeres y, bueno, ¿qué decirte que no sepas?

Este niño tiene diez años, fue concebido luego de tu partida y varios años más en que ya no recibía cartas tuyas. Tu hija tiene un año más que mi hijo. De eso me enteré más tarde, fue lo que me decidió a concebir un hijo, que por supuesto, me hubiera gustado que fuese tuyo, pero no fue así, solo era mío y me bastó.

Las noticias también llegan a estos lugares, a estos pequeños pueblos olvidados entre montañas.

Supongo que has emprendido un nuevo rumbo, una familia nueva e irás creando nuevas vivencias que con el tiempo se convertirá también, el algo que fue, o que ha sido, ¡qué importa! Todo termina.

Pero su huella, la huella de lo que fue, queda indemne en nuestro corazón, porque sin duda vivimos aquellos momentos con la profundidad que nuestro amor y voluntad nos hacía sentir, lo hermoso que fue aquello tan hondamente sentido. Y que yo pienso que lo fue y por lo tanto, no tiene por qué dejar de serlo.

# Aquellos ojos verdes en el tren

Subí al tren con el suficiente tiempo y me acomodé de forma rutinaria, sin pensar en nada, o quizá pensando mil cosas a la vez. Creí estar sola en el vagón, pero cuando levanté la vista quedé sorprendida ante la mirada inquisitiva de unos ojos profundamente verdes que me miraban como preguntándome qué hacía yo allí. Me sentí sorprendida como si me hubieran cogido comiendo el pastel a hurtadillas. Me apresuré a saludar discretamente y la severidad de aquellos ojos se desvaneció como su hubiera soplado una ligera brisa acariciándome, me sentí mejor. Acababa de cumplir los preceptos de educación que la respetable viajera de los ojos verdes esperaba de mí como norma de cívico comportamiento.

El tren arrancó con las dos mujeres como únicas viajeras. Me vi obligada a observar a la dama que tan severamente había juzgado mi despiste. Vestía sobriamente, quizás a la moda de veinticinco o treinta años atrás. Su figura recta y enjuta, sus labios delgados cerrados con un rictus desdeñoso, el pelo negro con avanzados mechones blancos, y sus ojos, sí, sus inmensos ojos verdes profundos, expresivos, que pasaban rápidamente de la censura a la conmiseración, incluso a la permisividad.

Podía seguir los dictados aprobatorios o los rechazos más contundentes solo con mirarle a los ojos. En poco tiempo aprendí la regla, sí, aprendí a saber cómo poner las manos, cómo las piernas, cómo inclinarme hacia un lado u otro siguiendo el dictado aprobatorio o censor de su mirada.

¿Pero quién era aquella señora salida de un cuadro de los años cincuenta? ¿Se le había parado el reloj? La forma de su peinado, su traje, los zapatos, incluso el bolso eran de tiempos pasados. Así creí recordar, los llevaba mi madre, cuando yo era pequeña. Habían pasado muchos años ya, las formas, las relaciones humanas, la moda, habían cambiado. Unos ciertos valores democráticos se habían impuesto, ya no era necesaria tanta rigidez.

En una de las estaciones subió un grupo de jóvenes. Los ojos verdes se espantaron, recorrieron la exigua roba de la joven, sus enormes botas, su pelo descuidado, los ojos verdes interrogaban, se inquietaban, incluso una aguda sorpresa se implantó en ellos al observar el pendiente de uno de los muchachos y una mueca de espanto al ver la cresta del tercero.

Yo me puse a temblar ante el desparpajo de los tres jóvenes, su charla, sus risas, su despreocupación pensando qué harían aquellos hermosos ojos verdes ante tamaño sacrilegio cívico. Los ojos verdes seguían observando desencajados, aterrados, cómo si mil preguntas los golpearan. De repente se cerraron y ya no se abrieron más.

El tren seguía su rápido camino, en el vagón tres jóvenes reían, hablaban, gesticulaban, una figura rígida, ausente, impávida intentaba aislarse. Yo vigilaba a los unos y a la otra como cuando en un tribunal intentas encontrar la respuesta más exacta.

Dos estaciones después subió una pareja de personas mayores, se sentaron enfrente de mí y saludaron a la señora de los ojos verdes.

- ¡Hola Marita! Dijo la mujer. El marido correspondió con una sonrisa.

Era la primera cosa que sabía de ella. Se llamaba Marita. Correspondió al saludo con una sonrisa de compromiso pero no dijo palabra.

En la próxima estación se apeó.

- ¡Pobre Marita! Es la primera vez que sale de casa desde que su marido se fue a Alemania.

- Sí, creo que ha ido al médico, repuso el hombre

- Veinticinco años esperándolo. El reloj se le paró entonces y no conoce el mundo de hoy.

- ¿Para qué? Así no sabe que su marido vive con otra con la que tiene otros hijos.

14

Quise verla por última vez. Solo apercibí su figura elegante y digna que desaparecía por entre las casetas de la estación mientras el tren
seguía rápido, los jóvenes continuaban hablando ajenos a todo, la pareja
se acomodaba para echar un sueñecito y yo, con la imagen en la mente de
aquellos preciosos ojos verdes, imaginando su infinito sufrimiento, sentí
un escalofrío sacudirme el alma.

# Cosas pequeñas, pequeñas cosas

Mi querida Ángela: Hoy quisiera hablarte de las pequeñas cosas, que no por ello, tienen que ser cosas pequeñas.

Yo sé que soy un marido bastante huraño, seco, tristón que no te atiendo como mereces, pero ya sabes lo mucho que tengo que trabajar para que en casa no falte de nada. Así que voy, vengo siempre atareado, gruñendo más de una vez.

Nosotros los hombres queremos hacer grandes cosas, emprendemos negocios en donde "todo el mundo se va a dar cuenta de lo mucho que valemos", aunque el banco no nos conceda la financiación necesaria y todo se quede en agua de borrajas. Nos decimos que esto y que aquello va a ir estupendamente y va a dar un resultado grandioso, y rápidamente nos subimos en el tren de la fantasía y no paramos de soñar en cosas grandiosas. Salimos a la calle convencidos de nuestro talento, de nuestra prestancia, de que podemos convencer a este o aquel cliente de que lo que le ofrecemos, es lo mejor.

Pero, como te decía al principio, mi vida está jalonada de pequeñas cosas, de hermosos y diminutos momentos que han sembrado mi existencia y han tejido un sólido y resistente enjambre, y ese mundo hecho de pequeñas cosas, te lo debo a ti.

No falta gente que apunta, a que el veneno, se coloca en pequeños frascos, y que en pequeñas dosis nos mata y la droga que en pequeñas cantidades nos va degradando poco a poco. He aquí pequeñas cosas que son nocivas, por supuesto, pero también en frascos pequeños está el perfume, que aquella noche y otras también culminó un gran momento de amor, sí, en pequeñas gotas que enervaron mi ánimo.

¿Te acuerdas aquellos pequeños golpecitos en la puerta de mi despacho para decirme "déjalo, trabajas mucho", ese pequeño café que me ofrecías con pequeñas galletas, esa pequeña sonrisa cómplice que me regalaste al reparar el lavabo y otra al acordar la transacción económica, el día que yo andaba muy nervioso? Ese pequeño "buenos días" al despertarme y esos pequeños besitos con que acariciaste mi espalda. Sí mi amor, todas esas pequeñas cosas, tan hermosas, cosas silenciosas, dulces como las pequeñas manos de nuestra hija que cogía las mías a los pocos días de nacer. Mis pequeños niños, eran esas pequeñas cosas que me hacían volver a casa con ilusión

Y todas esas pequeñeces han configurado una gran felicidad por qué has sabido adornar nuestra existencia con las muy grandes e importantes, pequeñas cosas.

## Cuando lo diferente coincide

- ¡No se la lleven, no se la lleven! Si me la quitan, me moriré.

-¿Eso es lo que dijo el viejo?

- Exactamente.

- ¿Tanto la quería?

- Pues parece que sí.

-Y ¿nunca se lo dijo?

- No, nunca, fue ella la que se declaró a pesar de la diferencia de edad.

- ¡Vaya sorpresa!¡Fue ella!

- Marcelo era un argentino que vino a luchar a España durante la guerra civil. Lo hirieron en Belchite, al terminar la guerra estuvo en un campo de concentración, en la cárcel después pero nunca volvió a su país. Se casó aquí, pero su mujer murió al dar a luz y también su hijo. Llevo una vida de bohemio. La España franquista le oprimía. Se mantuvo indiferente, cerrado en sí mismo. Un día conoció a Clara, ya sabes, en el bar que estaba enfrente de la agencia que ella regentaba y donde iba a comer todos los días. Él era un harapiento, un vagabundo que el dueño del bar le daba de comer a condición de sacar la basura del bar por las noches y dar un barrido al local.

Un día Clara se lo quedo mirando y le dijo:

- ¿Estaría usted dispuesto a cuidarme el jardín?

- Deme un cobijo y la comida y trabajaré para usted.

- ¡Hecho!

A partir de entonces Marcelo ocupó una habitación en la parte trasera de la casa. Comía en la cocina y durante el día cuidaba el jardín y los árboles frutales. Con el tiempo de la parte trasera de la casa hizo un huerto, con tomates, berenjenas, cebollas y patatas. Clara estaba encantada de comer verduras y frutas ecológicas.

Hablaban poco, eran dos mundos diferentes, no solo por la edad, y no obstante, esos dos mundos diferentes, esos enfoques, vivencias distintas, se fueron acercando, un tiempo después, a través de largas conversaciones que no dejaban de sorprender a Clara, aquel vagabundo era culto, ponderado y respetuoso. En silencio se fue desarrollando entre ellos, algo profundo que ninguno de los dos se atrevió a clasificar y revelar, pero que se convirtió en el caldo de cultivo de su continuidad.

- Es sorprendente cómo las personas que se ven distantes, cuando las circunstancias surgen se trama un acercamiento, muchas veces profundo y duradero.

- Pues sí, hay algo que subyace en nuestro subconsciente, en nuestra parte más íntima y que puede aflorar en determinados momentos.

- La casa de Clara, a menos de dos kilómetros del pueblo, está rodeada de 2.500 metros de un hermoso jardín y desde que Marcelo vivía en ella, como ya te digo, también una hermosa huerta.

Un ictus acabó con la vida de Clara, con la huerta y el jardín. Los herederos lo vendieron todo y Marcelo con el petate a cuestas, emprendió otro camino, más viejo y con el corazón destrozado.

Y es que a pesar de la adversidad y sin importar las circunstancias, hay gente que sabe amar a todas las edades.

## Divagando en el jardín

Esta mañana cuando regaba los geranios, lo he vuelto a sentir. Era la misma sensación; una especie de inquietud por si no llegabas a tiempo a la hora del té. Lo sabía, por eso tu llamada no me ha sorprendido, no puedes venir; cuando me lo has dicho, he comprendido tus motivos; es verdad, estamos obligados a marcar un orden de prioridad, es primordial ¡Pero qué lástima, tenía un montón de cosas que contarte!

He visto un escarabajo cruzar el jardín, el moscón aparece por momentos, pero se vuelve a ir. He tomado el té sola, pensando en ti. Miraba cómo los niños jugaban al balón, pronto concluye el recreo y vuelven a las aulas; es una suerte vivir cerca de este colegio, una ráfaga de esperanza y alegría emana de ese lugar cuando los niños, como enjambres de mariposas, salen al patio.

Pero no quería hablarte de lo que veo, más bien de lo que siento. Hay momentos que la soledad te invade, te sientes mal y miras a tu alrededor. La naturaleza ayuda a superar momentos difíciles, momentos de abandono, por eso no dejo de mirar mi jardín. Creo que tengo suerte, hay muchas personas que no tiene, como yo, el privilegio de tener un jardín. En mi pequeño salón suena el magnífico violín del virtuoso Itzhak Perlman, eso también ayuda a vivir, pienso mientras me deleito con su música.

Las rosas están hermosas, voy a cortar un ramillete y se las llevaré a Berta que continua en el hospital. El sol gana la cumbre, se precipita detrás, pronto el ambiente cambia, los niños han vuelto a sus aulas, el barrendero se apresura en sus últimos toques, un ligero fresquito me acaricia el rostro. ¡Huy, es tarde! Ha pasado el tiempo sin darme cuenta, pero sin saber por qué, aquí me encuentro bien, hay una comunión entre la paz externa que me circunda y la interna que me anida.

Un jilguero osado se ha aposentado en una rama de la acacia, me mira con descaro y pía. Creo que me ha dado un beso, se lo devuelvo.

-Eres el único, que hoy, se ha acordado de mi - le digo en el momento que levanta el vuelo. ¡Buenas noche mi amor! Me voy a la cama, ¡fíjate, contenta a pesar de todo!

Mañana a primera hora regaré nuevamente las plantas, a pesar de que no hace demasiado calor; pero si llueve les daré un repaso, siempre hay algunas hojas secas o feas que arrancar, así las nuevas salen más vigorosas. No sé por qué me retraso en irme a la cama, estoy cogida por el ambiente, por esa brisa ligera que me acaricia. Mañana miraré nuevamente el buzón, quizás me escribas o me vuelvas a llamar. Mientras, y a diario, voy navegando y divagando por el jardín.

# Don Julián

Martina salió ya muy tarde a tirar la bolsa de basura. Soplaba un aire frío, pero se sentía a gusto de quedarse un rato al fresco, no había salido en todo el día de casa. Se sentó en el borde de la verja y vio a lo lejos una figura que se acercaba lentamente. Observó con más detenimiento y comprobó que se trataba de D. Julián, su vecino. Desde que había quedado viudo iba todas las tardes a dar un paseo y volvía entrada la noche.

- ¿Dando el paseíto de todos los días? Le dijo.

- Sí, pero no consigo acallar mi conciencia. -repuso D. Julián mientras que en su mano derecha apretaba una pequeña caja de píldoras.

Miró a Martina como ausente, luego, fijando su mirada más atentamente en ella, le dijo con voz entrecortada.

- He matado a mi mujer y no puedo con mi conciencia.

- ¡Pero! ¿Qué dice? Se ha pasado usted un montón de años cuidándola. ¡Gracias a sus atenciones ha podido sobrevivir a la trombosis que tuvo! ¿Cómo dice eso, D. Julián?

- Sí, pero no le di esto que la hubiera salvado -contestó con tono amargo mientras mostraba a Martina la cajita de píldoras que llevaba en la mano.

- ¿Pero...?

- Sí, las medicinas que tomaba eran muy caras porque venían del extranjero. Con los ajustes presupuestarios del Gobierno, dejaron de llegar esas medicinas imprescindibles para mi esposa. Consulté con el médico y me recetó otras, pero que tampoco las pude hallar. Tuve que recorrer toda la ciudad, todas las farmacias, las casas particulares de los médicos, y las de otras personas que tenían la misma enfermedad que mi mujer. Fue todo en vano, la última caja se terminaba y yo no encontraba por ningún sitio la dichosa medicina. Mi esposa era consciente de todas mis inquietudes, de mi impotencia y desesperación. Hubiera bajado al mismo infierno por salvarla. Fue una gran mujer y una gran compañera y, aunque nuestros hijos, marcharon pronto de casa, supo amarme como nadie, me perdonó mis debilidades y me apoyo en todos mis proyectos, aunque algunos fueron descabellados. Cuando tuve el revés, ese revés que la vida siempre te aguarda, y perdí el trabajo, estuvo a mi lado tendiéndome una mano amiga. ¿Cómo no hacer cuanto fuera necesario por salvarla? Por último, fui a ver a mi amigo Samuel, el judío, le expuse mi situación. Por la tarde me llamó y fui a recoger estas pastillas. "Ven una vez al mes" me dijo secamente con su característica y profunda mirada. Esa mirada testigo mudo de todo el devenir humano.

Cuando llegué a casa, aunque cansado, me dispuse animoso a darle la medicina. Ella me cogió del brazo y me dijo

- Julián, no me des las pastillas, llevo muchos años sufriendo y haciéndote sufrir. Quiero descansar ya

Me derrumbé en el sillón y no reaccioné. Aquella misma noche murió, yo no la había obligado a tomarse las pastillas. ¡No hice nada! ¡Nada!

Martina escuchaba impresionada e impotente. Don Julián seguía llorando.

Solo el aire cada vez más frío, movía las pocas hojas de las acacias que todavía no habían caído.

- Don Julián, está usted muy solo. Dentro de unos días es Navidad, venga a comer a casa con nosotros, hay pavo y el calor familiar que a usted le falta.

Minutos después, encorvada su espalda, cansino su paso, Don Julián se perdía tras la vetusta acacia que iniciaba el recodo del sendero.

Martina quedó largo tiempo pensativa, don Julián la conmocionó y no llegaba a solocomprender su abatimiento, ya que como vecina había podido comprobar que la vida de la pareja no había sido en absoluto modélica, por lo menos como intentaba demonstrar D. Julián en aquel momento. Se acordaba de la "despreocupación económica" que tuvo para con su esposa Elia, con tantas estrecheces, sus infidelidades, en fin, todo el pasado se desarrollaba ahora en su memoria.

- ¿Ya has echado la basura? Has tardado un poco -le repuso su marido.

- Sí, he charlado un poco con D. Julián y he observado su abatimiento. Acaba de perder a su esposa.

- Sí, ya lo sé -repuso su marido.

- Lo que me choca es verlo tan triste cuando hace unos pocos años lo indiferente que se mostraba con su mujer y ¿te acuerdas que incluso la trataba con desprecio?

- Sí, suele pasar, ella dejo su trabajo para atenderlo, los hijos, una vez ya mayores, han emigrado muy lejos, y no han tenido ni el placer de disfrutar de los nietos y... no sé, es muy triste.

¿Qué es lo que mueve el entusiasmo de la gente? ¿Tú crees que el ambiente incluso la herencia genética, la educación, el medio geográfico pueden influir en nuestro carácter y determinar nuestras actitudes?

Los ojos del marido se hicieron como platos, no entendía en absoluto a su esposa ni el porqué de sus expresiones.

- Pero ¿qué dices? ¿Qué tiene que ver el medio geográfico con el carácter de cada cual?

- Yo creo que sí. Un sueco o noruego que viven en el frío continuo o casi, no tienen nada que ver con un brasileño y un estadounidense o con un argentino y pertenecen al mismo continente

- Bueno, bueno, no desvaríes, yo creo que son más importantes la cultura y la religión que cada cual recibe.

- Sí, pero ellas, la cultura y la religión se han desarrollado en un ambiente físico, geográfico en fin… y…

Al levantar la cabeza vio a D. Julián que los observaba.

- He pensado aceptar su invitación, me siento tan solo…

Aquella noche cenaron los tres juntos y después lo siguieron haciendo repetidas veces.

# El brazalete

Iba todas las mañanas a pasear por el campo, y regresaba casi todas los atardeceres. A Torcy, mi perro, le gustaba caminar a lo largo de una vieja valla que en su tiempo dividía dos campos vecinos de dos familias rivales, una era la mía. La finca de los vecinos hacía tiempo quedó deshabitada, la mía también. Solo yo venía de vez en cuando a pasar unos días a la búsqueda de un poco de tranquilidad y reposo.

Con el tiempo la casa quedó para mí y empecé a abrigar la idea de repararla. Vendría más a menudo, –me dije– ahora que estaba en la prejubilación y mi trabajo en la universidad me dejaba más tiempo libre. Presentía que aquella casa se convertiría en el refugio de mis viejos días. De momento la iría recuperando poco a poco. Actualmente, la cocina, mi habitación y el baño me bastaban.

Repetía cada día el mismo paseo. Torcy se adelantaba y hurgaba al pie de la valla insistentemente hasta que yo llegaba donde él estaba y de un empujón lo hacía avanzar. Un día advertí que siempre se paraba en el mismo sitio y por momentos husmeaba con nerviosismo. Me agache, y medio cubierto por la tierra, vi algo que brillaba, hurgué a mi vez y descubrí un brazalete. Quedé sorprendida, ¿un brazalete aquí? ¿Será un objeto perdido por alguna mujer que se paseaba por este lugar, o será una pieza de un botín enterrado? Apenas apuntada esta última pregunta descabellada la rechacé y cogiendo el brazalete lo observé. Justo en el centro estaba escrito un nombre "Gabriel". ¿Un nombre de varón en un brazalete de mujer? Me quedé muy sorprendida. Intenté introducirlo en mi brazo, pero no sé por qué extraño rechazo no pude. El brazalete me inspiraba una sensación extraña Quedó sobre mi mesita de noche y durante un tiempo lo observe casi a diario. El brazalete me inquietaba.

Pasó el tiempo, las obras de la casa y mis arreglos continuaban a intervalos. Una mañana subí al desván, algunos muebles depositados allí eran viejos pero muy hermosos, y decidí recuperar algunos. Empecé a revolverlo todo con afán de poner freno a la invasión del polvo y la febril ilusión de ver la cómoda de mi abuela Adela en mi habitación. Sí, aquella cómoda sería cuanto cabe. Los cajones estaban vacíos, excepto uno. Como atraída por un imán empecé a revisar aquel montón de papeles. Abrí un sobre medio escondido y apareció una carta. Decía así: "Querido Gabriel". El corazón me dio un vuelco ¿Gabriel? ¿Sería el mismo del brazalete? Continué: "Esta carta te la haré llegar por mediación de Adela, es la única persona en quien confío, es muy joven, pero seria y sabe lo nuestro. Quiero que sepas, amor mío, que pase lo que pase nunca dejaré de quererte y que nunca me separaré del brazalete que me regalaste. Ocultamente lo llevé para que grabaran tu nombre en él. No lo luzco pues mi familia sería capaz de cualquier atrocidad si descubrieran que tú me lo ofreciste. No entiendo cómo es posible tanto odio. El día que viniste a verme ocultamente y tuviste que salir huyendo ¡qué mal rato pasé! Volvieron mis hermanos con el rostro blanco de frustración y de odio, si te hubiesen alcanzado no sé qué hubieran sido capaces de hacerte No vuelvas bajo ningún pretexto. Me reuniré contigo junto a la alberca, en día y hora que convinimos. Si muero lo haré apretando tu brazalete contra mi cuerpo, tuya para siempre. Amanda".

Quedé perpleja ¿Qué fue de Amanda y de Gabriel? Gabriel pertenecía a mi familia, era un tío abuelo del que nadie quería hablar. Amanda pertenecía a la familia rival. Vivieron un amor prohibido que solo mi abuela Adela podría contarme, pero mi abuela había muerto hacía 40 años y además era muy niña cuando ocurrieron los hechos. La carta estaba fechada en 1912, ni siquiera mis padres habían nacido.

De repente ni infancia revivió con luz mágica. Los momentos vividos con mi abuela, lo que ella me contaba en los paseos de aquellas tardes calurosas y sí, ahora recordaba aquellas charlas, la historia de Gabi y no Gabriel y Amada y no Amanda, era la historia del brazalete que yo apretaba fuertemente en mi mamo, sencillamente mi abuela les había modificado el nombre.

- Sí mi querida niña. Esta fue una historia triste.- me decía- Amada ingreso en un convento por imposición de su familia. Gabi huyó a Francia para escapar a la ira de los hermanos de su amor. Allí participo y murió en la guerra del 17, creo yo.

- ¿Por qué tanto odio?, abuela.

- La familia de Amanda deseaba casarla con un hombre rico para salvar su difícil situación económica, pero ella amaba a Gabi y además esperaba un hijo de él.

Las últimas palabras de mi abuela sonaron como un trueno en mi cabeza. Él muerto en combate en una guerra que no le concernía, ella consumida en un convento, ¿qué fue del hijo de ambos? No pude averiguar nada más, quizás mi abuela tampoco lo sabía. Con el tiempo, aquel relato que me parecía un cuento, desapareció de mi memoria hasta el día en que encontré el brazalete.

En uno de los viajes de vuelta a la vieja casa, me llevé conmigo a una amiga que había enviudado recientemente y, como disponíamos de tiempo antes de que el coche se deslizara hacia el valle, le propuse hacer una visita al convento anclado en la colina. Fingí un interés histórico y turístico inusitado. Allí indagué la vida de Amanda y supe que jamás entró en aquel lugar. La fecha 14 de abril de 1912 escrita en la carta era la última noticia que se tenía de ella. "Si muero lo haré apretando tu brazalete contra mi cuerpo". Me estremecí.

Aquella misma tarde, mientras mi amiga dormía la siesta, cogí una azada y me acerqué al lugar donde meses antes había encontrado el brazalete, la tierra estaba algo removida.

Levanté la azada dispuesta a cavar con fuerza en aquel lugar cuando de repente, sentí un escalofrío recorrer mi cuerpo, un estupor me paralizó, no podía moverme. ¿Fue Amanda asesinada y enterrada allí? Esa idea angustiaba mi mente y mi espíritu. De repente y sin saber porque, me giré y sin soltar la azada me dirigí corriendo hacia la casa...

Día tras día miraba insistentemente a través de la ventana de la cocina. Me sentía atraída, tanto por la valla como por el trozo de tierra. Sabía que allí, en aquel punto estaba la respuesta. Las indagaciones en el pueblo, y las preguntas a los más viejos no me habían dado ninguna respuesta satisfactoria Al parecer "la familia de Amanda vendió la casa al mismo tiempo que ella ingresó en el convento. Se fueron todos a trabajar a la ciudad, excepto los padres que se retiraron a un piso que compraron allí. Se perdió todo trazo de ellos, no volvieron nunca más por aquí". Me contó el tío Esteban, un viejecito achacoso que calentaba al sol sus casados huesos sentado en el banco del único parque del pueblo, nada más.

Las tempestades morales que acontecen en nuestro cerebro son tan fuertes y angustiosas que pueden quebrar el sistema nervioso más resistente.

Me debatí furiosamente durante muchos días entre el miedo a descubrir algo desagradable, la constatación de un crimen quizás, y la curiosidad moral que mueve toda voluntad desde que el ser humano empezó a denominarse como tal. Tenía que llegar al final a pesar de mi rechazo Busqué la azada y, con paso firme me dirigí al lugar. A medida que avanzaba las piernas me volvían a temblar, un sudor frío corría por mi frente.

Empecé a cavar con fuerza, inexplicablemente me sentí cansada, la angustia crecía, la opresión en el pecho me ahogaba. Unos cuantos golpes me dejaron sin aliento, no podía más. "Estoy agotada, volveré mañana". Pero mis manos no soltaban la azada, ni mis piernas se movían. Racionalicé mi tarea y continué "esto es trabajo de hombre, no llegaré".

Me sentía angustiada, vencida, fracasada, cuando la azada chocó con algo sólido. "¡Un hueso!" -pensé. No, era un sonido metálico. Con febril actividad rasqué la tierra ¡Oh una cajita de metal! Con sumo cuidado fui descubriéndola y con angustioso nerviosismo la limpié de todo resto de tierra, estaba totalmente oxidada. Apreté con fuerza pero no pude abrirla.

Cogiendo con una mano la cajita, y con la otra la azada, volví como pude a casa. El cansancio desaparecido en el momento del hallazgo, hacía, de nuevo, presa en mí.

Mi amiga había ido al pueblo a cenar con unos amigos que había hecho a su llegada al pueblo.

Deposité la caja sobre la cómoda, me duché y antes de acostarme la cogí en mis brazos y apretándola contra mi pecho me dormí. Desperté cuando alguien llamó a mi puerta. Entro Ana "anoche volví tarde del pueblo, como te habías acostado ya no quise molestarte. El desayuno está servido"

Desayunamos juntas. Ella volvió al pueblo para la compra y yo me encerré en mi cuarto con mi "descubrimiento". Tenía que abrir aquella caja como fuera. Cosa extraña, al primer intento lo logré.

Contuve la respiración, poco a poco fui descubriendo, primero una pequeña cruz de plata, después unas estampas y, al fin, dos sobres.

Uno de ellos venía de la Argentina, el otro no llevaba dirección. Instintivamente saqué un papel de este último y leí:

"Amor mío,

Cuando todo estaba perdido, cuando la desesperación y el egoísmo de mi familia no parecía tener fin, como un milagro, ha surgido un acontecimiento que salvará nuestro amor y sembrará de un hermoso futuro nuestras vidas y la de nuestro hijo.

Tres días después de que te fueras, recibimos la inesperada visita del tío Pascual. Toda la familia quedó muy extrañada, hacía treinta años que había emigrado a la Argentina, y ahora volvía, rico, algo enfermo, y con ganas de reconciliarse con todos. Había alquilado una casa en la colina, cerca del acantilado y venía a visitarnos.

Estuvo unos días con nosotros, derrochó mucho dinero, pero las viejas rencillas con mi padre no tardaron en aparecer. Vi a mi tío muy triste "He luchado y trabajado mucho en un país extranjero –se desahogó– y ahora una vez que he enviudado y vuelvo con la ilusión de abrazar a tu padre, me abre viejas heridas, un montón de tonterías. ¿Se puede guardar tanto tiempo un rencor? Dice que les abandoné, pero ¿si nos moríamos de hambre? Tuve que irme. ¿Y tú por qué estás siempre triste?" preguntó, volviéndose hacía mí.

No pude más y le conté a mi tío lo nuestro, me inspiraba confianza.

Me miró silenciosamente y con una inmensa bondad en sus ojos me dijo "No te preocupes, todo se va arreglar, mi viaje no habrá sido en vano".

Dos semanas después vino mi tío, hubo en casa un largo debate durante el cual, mi madre no paraba de llorar. Y este es el plan.

Se decidió vender la finca, a un buen precio. Mis dos hermanos encontraron trabajo en una fábrica y mis padres se irían a vivir a la ciudad, en un piso adquirido con la mitad de lo que se obtuviese con la venta de la propiedad. El resto lo repartirían entre los cuatro hermanos. Mi parte iría para las religiosas donde esperan que ingrese.

Ahora bien, haremos creer a todos que voy al convento, pero en realidad partiré con mi tío hacia la Argentina. Otra carta más escueta, salió ayer pidiéndote que cojas un barco en Barcelona y que te reúnas conmigo en Buenos Aires, yo te esperaré en casa de mi tío con mis primos.

Deseo que llegues a tiempo para el nacimiento de nuestro hijo En este nuevo país, y con la ayuda de mi familia emprenderemos una nueva vida. Tuya, Amanda".

Por primera vez en muchos meses dormí con una tranquilidad inusitada. Me sentía feliz, por lo menos ella y su hijo habían sobrevivido a tan terrible historia.

# El maniquí

Los encargados del transporte iban recogiendo los viejos muebles de la tía Clara y los iban depositando en el furgón. Allí quedaba el baúl al lado de la silla, más lejos un sillón y de pronto me veo al mozo amarrando bajo el brazo el maniquí de mi tía. Y más sorprendente, este hermoso muñeco me guiña un ojo al subirlo al camión.

- Me lo quedo -le dije al chofer que dejó el maniquí en el suelo sin más.

Cuando todos los enseres de la vieja tía estuvieron cargados en el furgón, el camión emprendió la ruta para depositarlos en casa de mi prima Ana, ya que su madre, mi tía Clara, había fallecido hacía ya un año y era perentorio vaciar el desván.

De repente vinieron a mi memoria mis años infantiles cuando mi prima Ana, su hermano Jorge y yo jugábamos en la casa, mientras mi madre y su hermana cosían interminables vestidos, no en vano eran las dos mejores modistas del pueblo (bueno, las únicas).

El maniquí era como un gran muñeco y en cada momento las dos hacendosas mujeres probaban un chaleco, una chaqueta, ajustaban un ojal, encogían un ribete y no sé cuántas cosas más. Una vez le pusieron un sombrero muy elegante, de seda creo yo, con una pluma sobresaliendo y por la noche fui a verlo, aunque tuviéramos terminantemente prohibido entrar en la sala de costura.

Me acerqué sigilosamente, esta vez el maniquí vestía una chaqueta de un color oscuro, lo miré, lo saludé, le hable muy bajito, no me contestó, pero me miró fijamente y creo que me guiñó un ojo, así como haciendo una mueca. Eché a correr a mi cuarto y ya no volví a entrar nunca más de noche a la sala.

Y ahora tantos años después, ya fallecidas las dos hermanas y que el maniquí dormía en el desván, vuelvo a reencontrarme con él. Y cierto, me había guiñado un ojo, ¿o le faltaba?

Me acerqué y lo observé, llevaba una vieja chaqueta verde, seguramente era el último encargo que mi tía no pudo terminar y esta vez, una boina haciendo juego.

- ¡Buenas noches bella señora! -me contestó

- ¿Ha venido a la fiesta a divertirse un poco?

- No, he venido a verla a usted, con quién deseo bailar toda la noche un romántico vals

- ¿Qué me dice? ¿Qué pretende? Caballero...

- Bailar con la más hermosa de las señoras que hoy han venido a la fiesta. Deme su mano, coja la mía. Bailemos

Me abracé al fogoso caballero que tan ardientemente me pedía un baile y empezamos a dar vueltas y más vueltas, por el pasillo, la cocina, el comedor y más y más vueltas. En una de ellas encaré los ojos hacía la puerta de entrada y vi a mi marido mirando con ojos de plato cómo estrujaba al maniquí contra mi pecho de forma alocada.

Todavía no he podido convencerlo de que todo aquello era una broma. Creo que ha descubierto en mí, un lado romántico y fantasioso que estaba lejos de suponer. De cuando en cuando me mira de forma extraña.

# La cabina en fin de año

La cabina de un camión es un reducto pequeño, dos asientos con dos literas atrás. Un gran ventanal, no con vistas al mar, más bien con vistas al asfalto. La raya blanca, continua o discontinua, es la que más se conserva en la retina.

La cabina cumple multitud de funciones; es comedor, salón, cuarto de aseo, incluso cocina. Es el espacio más pequeño con más cosas concentradas, Para el conductor es su refugio. Cuelga bolsas con provisiones, productos de higiene personal, incluso un hornillo minúsculo. Aquí se duerme obligatoriamente, se descansa a veces, se piensa mucho y se sueña, mientras las ruedas en su continuo circular te conducen a infinidad de sitios, a lugares sorprendentes, aunque la rutina se circunscriba a áreas de servicios, a interminables cargas y descargas.

No hay espacio donde el brazo alargado del conductor no llegue. Atrapa algo de dentro de una bolsa, se lo come mientras imperturbablemente las ruedas tragan y tragan kilómetros. La imaginación vuela a sitios queridos donde una mujer y unos niños esperan, viven y crecen casi al margen del obligado circular de las incansables ruedas, ruedas que surcan caminos, que unen fronteras, que llevan y traen infinidad de mercancías, mientras el padre, el hijo, el esposo piensa en los suyos, traza mil proyectos ilusionados que se frustran constantemente, porque el conductor casi nunca deja su volante.

Nadie ha viajado tanto, nadie ha estado más preso. Es verlo todo atado a un volante, creer que vuelas pero que nunca llegas. Es un ser y no ser. Estar en todas partes y no estar en ninguna verdaderamente ni gozar de nada en profundidad. Admirar hermosos paisajes, recorrer los lugares más recónditos, conocer lo más dispar, tratar a mucha gente sí, pero no gozar de los tuyos, más que en espacios de tiempo fugaces. Y mientras, los niños crecen, la mujer ve apagarse su ilusión, sus proyectos de futuro en convivencia. Los problemas se resuelven solos o no se resuelven, la vida se desarrolla fuera y aparte.

El camionero es consciente de la gran responsabilidad que tiene en las manos, de los que dependen de su salario, de las mercancías que tienen que estar el día y a la hora precisa también es consciente de la máquina que conduce y que se convertiría en una bomba rodante al más pequeño error. No puede haber ni un momento de flaqueza, ni el más pequeño error, ni la confusión más nimia porque las consecuencias serías funestas.

La máquina es más afortunada que el conductor, el dueño la engrasa, la limpia, la atiende con mecánicos y repuestos adecuados, al conductor se le presiona al infinito, cada vez más y más trabajo. No tienen nada de extraño los accidentes en carretera. Si no hay más no son por las trabas del patrono, sino, por el alto grado de responsabilidad de los conductores.

Y una nochevieja el camionero sale de la cabina telefónica y se mete en la del camión. Los suyos se preparan, allá lejos, para celebrar el fin de año. Todos están bien, el pequeñín ha tenido un poco de fiebre, la madre lo atiende, ella guarda "eso rojo" de intimidad –le ha dicho– se lo pondrá cuando él vuelva, si queda humor.

Tiene que llegar ineludiblemente a Holanda, le ha dicho el jefe; los suyos están lejos, sin él como siempre. Es entonces cuando la cabina parece más pequeña que nunca, los gritos del brindis, que oye, más agudos y sin poderlo evitar por la ruda mejilla del camionero se desliza una lágrima.

Las tres rosas rojas que había comprado porque ella iba a acompañarlo en ese viaje, no dirán nada de su pena, se irán marchitando sobre el salpicadero mientras las ruedas siguen su continuo e infinito rodar.

## La carta que no llegó

El apartamento de Marita era alargado, como el vagón de un tren; al entrar, la puerta del baño se perfilaba enfrente, al fondo; a la derecha se desplegaba una galería con un hermoso ventanal y a la izquierda, se alineaban las diferentes puertas de las demás dependencias, la cocina, el comedor y las habitaciones, cuyas puertas daban a la galería. Mi amiga siempre decía: "me voy al tren", ya que al entrar a su vivienda se tenía la sensación de estar subida en un vagón de tren. Ella y su marido se pasaban la vida sentados en la galería donde el cálido sol aminoraba el frío. A tal punto, que les era apenas imprescindible una pequeña estufa, salvo los días nublados. Era un pasillo largo con puertas frente al ventanal.

Pedro, el marido de Marita, consumía las horas sentado, mirando los edificios emplazados enfrente.

- Sale poco, desde aquí puede ver todas las casas.

- ¿Y no baja al parque?

- En absoluto. Al principio, cuando se jubiló, salía a jugar la partida con los amigos; ahora se pasa el tiempo atisbando por la ventana- me contestó Marita mientras miraba a su marido.

- Lo noto un tanto obsesionado, ya que apenas me ha saludado. Miraba al frente y ha vuelto a la misma posición.

-Sí, y estoy seriamente preocupada.

- ¿Por qué...? -quise saber, mientras observaba que Pedro se mantenía como ausente contemplando siempre la ventana del edificio que quedaba enfrente de la galería.

- Pues verás, tú sabes que Pedro era cartero. Ahí enfrente vivía Rosa, una mujer de mal carácter, pero muy honesta. Su marido la dejó y ella tuvo que criar a su hija, Jazmina, sola. No sé por qué extraña razón le tenía inquina a mi marido. Pedro decía "por ahí anda la mala uva" y nos reíamos un rato. Claro, y es que las dos ventanas del piso de Rosa dan directamente aquí. Y así, casi sin querer, observábamos todo lo que hacían madre e hija. Lo mismo les sucedía a ellas. A tal punto que no teníamos secretos los unos para con los otros.

Un buen día Jazmina se fugó de casa con aquel muchacho del Instituto y su madre se hundió en una gran tristeza; sobre todo porque la hija no le escribía y no le decía dónde estaba. Luego se enteró de que la muchacha había muerto en el parto y poco después Rosa se suicidó.

- ¡Qué horror! ¿Y qué tiene que ver todo esto con Pedro?

- Pues no lo sé, pero desde que se enteró de la muerte de Rosa, no ha querido salir más de casa y ahí lo tienes pegado a la ventana como si mirando y mirando pudiera aún verla. Y eso que Rosa le tenía tirria. La pobre mujer pensaba que todos los hombres llevan el pito colgando en la frente. ¡Ya ves qué absurdo!

Marita cogió la bandeja y se fue hacía la cocina, y yo me levanté para ponerme el abrigo e irme también, cuando observé que Pedro se daba la vuelta y me observaba. Alargó la mano y me dio un sobre.

- Guárdalo, ahí comprenderás todo mi drama. Yo era cartero, pero no de este barrio. Un compañero, el que hacía este servicio, me dio este sobre de la hija de Rosa para su madre y me dijo: "Haz el favor de dejarla en el buzón, acaba de llegar y yo no iré a hacer el recorrido hasta mañana, así la pobre mujer la tendrá antes". Y yo, deliberadamente, me la guardé. No se la di, porque la buena señora me caía mal, porque había piropeado a su hija un par de veces y me tenía rabia y yo me quise vengar. Así, sin más.

Cogí el sobre y me lo guarde en el bolsillo del abrigo y salí de la casa después de despedirme y darle un beso a Marita.

Subí al coche y conduje hasta casa, seriamente preocupada, porque estaba segura de que Marita no conocía la existencia de aquella carta.

Pero lo que más me intrigaba era que Pedro me la hubiera dado a mí, sin más explicación que un breve preámbulo. Al llegar a casa subí a pie por no esperar al ascensor, que en ese momento estaba ocupado y sin quitarme el abrigo me acerqué a la ventana para leer la carta. El sobre estaba rasgado, deduje que Pedro la había leído y llena de inquietud, empecé a leerla.

"Mama, quiero que me perdones el no haberte escrito antes. Lo intenté muchas veces pero en el último momento desistía. Sé que he hecho una locura, pero ya sabes que el amor es ciego. He sido muy feliz con Andrés, por lo menos en los primeros tiempos. Ahora estoy embarazada y voy a tener el niño dentro de un mes. Las exploraciones clínicas han demostrado que corro un gran peligro. Tengo… bueno ahora no sé cómo lo llaman… pero necesito tu ayuda. Si no me guardas rencor, quisiera que vinieras y si algo me ocurre que te hagas cargo de mi hijo. Andrés es muy joven y sus padres no se harán cargo de nada. Si no me contestas, deduciré que no me has perdonado y tendré que dar el niño en adopción. Esperando me comprendas, tuya, Jazmina".

Me dejé caer sobre el diván, un pensamiento martilleaba mi mente: Pedro no le había entregado la carta a Rosa, para fastidiarla, sin saber del mensaje que llevaba dentro y abrió la carta cuanto Rosa desesperada por la muerte de la hija y la pérdida en adopción del nieto, se quitó la vida" me quedé asombrada con terror de hasta dónde puede llegar la estupidez humana.

# La hoja que faltaba

El verano tocaba a su fin. Mi madre me había propuesto ir a hacer una visita a su hermana, antes "de que venga el mal tiempo". A mi madre siempre le han impresionado las tormentas de verano, que a veces son fuertes. Cuando en agosto se produce la primera, que suelen ser hacia el final del mes, en seguida propone volver a casa antes que "vengan las inundaciones". De esta forma abandonamos la casa de campo camino de la ciudad.

Íbamos, pendiente arriba, a casa de la hermana pequeña de mi madre, que vivía con su cuñada Elsa, hermana de su difunto esposo, en un pueblecito, perdido entre los montes, ya bastante cerca de la playa, de nuestro querido mediterráneo.

Yo ya sabía cómo se iban a desarrollar los acontecimientos. Saludos efusivos, besos y abrazos, repaso a cómo estamos de salud, calibrar lo que se ha podido envejecer durante el último año, si la economía va bien y poco más.

- Tu tía ha envejecido un montón –apunta mi madre– justo en el momento en que mi tía va a la cocina a por los mantecados. Elsa su cuñada, asiste con la cabeza. Mi madre hace un gesto contradictorio, no le gusta que Elsa haya oído su comentario. Tampoco pasa nada pues cada año se repite lo mismo.

- Saca el anís, anda muévete que estás alelada -dice mi tía a su cuñada, mientras porta la pequeña bandeja de mantecados en las manos.

- Como no sé qué día vas a venir siempre hago mantecados que duran mucho -dice mi tía mirando a mi madre.

Mi tía y su cuñada Elsa viven juntas desde que mi tía casó con Pascual; no tuvieron hijos y como Elsa era una persona simple y retraída, se quedó con ellos a vivir, Mi tía tomó a su cuñada como a una hermana pequeña, la cuidó y la protegió, pero a su vez, le cortó toda posibilidad de que ésta optara a formar su propia familia. A decir verdad, Elsa nunca salió de su pequeño pueblo. Sí lo hizo, una vez fue a ver el mar, pero como era otoño no se pudo bañar en la arenosa playa de Denia.

Fue la única salida, la única satisfacción que Elsa guardó en su corazón, por lo tanto, el domingo que pasó el Denia quedó grabado en su mente para siempre, alcanzando para ella más importancia que el descubrimiento de América. A cada visita que le hacíamos nos contada su día en Denia, la hermosa playa, la comida en el restaurante, las pequeñas compras que hicieron.

- Ahora no la conocerías, tanto han cambiado los pueblos del litoral. Denia, Benidorm, en fin, todo está muy moderno. Han edificado hasta en sitios increíbles.

-¡Oh! ¡Cómo me gustaría volver a ver todo aquello! exclamó Elsa.

- Pues eso tiene fácil solución me invitáis a comer y nos vamos. Os llevo a Santa Pola donde sirven un marisco muy bueno –dije–. Pronunciando las últimas palabras observé el asombro en el rostro de mi tía que había desconectado del sinfín de recomendaciones con que mi madre la bombardeaba.

- ¡De eso nada! ¿Llevar a esta boba a la playa? Para hacer el ridículo, ni hablar -dijo mi tía.

Elsa se levantó de la silla y llorando se fue corriendo por el pasillo.

- Eres muy dura, Marta ¿qué tiene de malo que nos vayamos a pasar el día en Benidorm? -dijo mi madre, que por supuesto acababa de apuntarse a mi imprudente proposición.

- ¿Pero no ves que nunca ha salido de aquí? ¡Qué haría esta boba mirando escaparates!
40

- Pues lo mismo que tú y yo, –repuso mi madre– Puesto que mi hija nos invita podemos muy bien ir.

- Yo pongo el coche y la gasolina, la comida la pagáis vosotras -ajusté para evitar posteriores equívocos, mientras me iba alejando hacia el corredor por donde había desaparecido Elsa.

Ésta me esperaba secándose las lágrimas de los ojos. Me cogió de la mano y me llevó al despacho de su hermano y del estante me sacó un libro pequeño y me lo mostró.

-Sí, lo conozco, son las rimas de G. A. Bécquer, un gran poeta ¿y?

Elsa me lo mostró a la vez que le daba un beso. No entendí nada ¿Por qué trataba aquel libro con tanto cariño?, ¿por qué lo apretaba contra su pecho?

-¿Ya te ha mostrado el libro, esta tonta romántica?, dijo mi tía que aparecía por la puerta.

- No entiendo nada tía ¿Por qué le tiene tanto cariño a este libro?

-Pues porque se lo regaló un forastero que vino, ya hace un montón de años a las fiestas del pueblo. Se alojó aquí, en la casa, y le hizo creer en un montón de tonterías. Luego se fue y ya no se acordó más de ella.

Algo me sorprendió en la mirada de odio que Elsa lanzó contra su cuñada.

Volvimos al salón y, mientras las dos hermanas se daban las últimas recomendaciones y se despedían, volví al despacho y de la estantería cogí el libro. Lo miré atentamente y de repente vi que le faltaba una hoja. Sin duda alguien la había arrancado. Faltaba una de las primeras hojas. Pasé los dedos y forcé un poco el lomo del libro y quise saber dónde estaría la hoja arrancada, quién podría haberla sustraído, qué podría decir aquella hoja.

- La tiene ella en su caja fuerte, ella la arrancó porque él me regaló el libro y me puso una dedicatoria de amor, y, porque me tenía celos. Sonó la voz de Elsa a mis espaldas. Me quedé sorprendida como si me hubieran cogido degustando la tarta a hurtadillas.

- ¿Quieres decir que la tía Marta arrancó la hoja del libro porque te tenía celos?

- Sí, porque ella estaba enamorada de él. Pero Pedro me quería a mí, me dedicó el libro y me escribió una... bueno, me escribió un poema...

- A ver Elsa, que me aclare. ¿Pedro era el forastero que vino para las fiestas, hace ya tiempo, se alojó aquí, en esta casa y se enamoró de ti, te regaló un libro de Bécquer con una dedicatoria amorosa? A la tía Marta no le gustó que tú te enamorases, porque sin duda, te hubieras ido con él...

- ¡Vamos, vamos ya!, interrumpió mi madre desde la puerta.

Precipitadamente dejé el libro en el estante y me fui detrás de mi madre mientras Elsa con un profundo aire de tristeza, nos miraba.

Ya en el porche nos dimos los últimos besos y subimos en el coche mi madre y yo.

- Esperemos que esta "cacharro" no renquee más, pues vamos de bajada -dijo mi madre con clara alusión al coche que últimamente, me sorprendía con algunos fallos de motor, en los momentos más inoportunos.

Bajamos perfectamente la pendiente. El coche funcionaba bien, pero mi cabeza no. Toda esta historia de Pedro, el amor de Elsa me martilleaba sobre todo, porque mi tía parecía la culpable de aquel amor frustrado. Una idea fugaz puso en marcha un proyecto que me bullía en la mente.

- ¡Hay, creo que algo me falla!

-¿El qué? Yo no noto nada. ¡Si ahora va bien este trasto!

- Creo que hay un fallo de motor. No me arriesgo a que nos quedemos a medio camino.

- Si ya lo decía yo ¡Lleva el coche al mecánico! ¡Hazle la revisión! ¡Y nada de nada! Y ahora ¿qué?

- Volvamos y llamemos a Andrés, el mecánico, y que eche una miradita. Todavía es pronto.

Volvimos y mi tía Marta llamó al viejo Adrián, el único mecánico del pueblo. Mientras, yo me deslizaba hacía la biblioteca e intentaba averiguar dónde estaría la "caja fuerte" de mi tía. Aunque a decir verdad, todos los documentos los solía guardar en el primer cajón de la mesa escritorio, incluso el dinero. Me acordaba perfectamente que, de allí solía sacar las propinas con que nos premiaba de niños, cada vez que limpiábamos los cristales.

Sentí un poco de reparo, pero el sentimiento de curiosidad fue más fuerte y me decidí a tirar de la anilla del cajón. A primera vista eran documentos, algo amarillentos, parecían escrituras o algo parecido. Me detuve antes de meter la mano y remover.

- ¡La hoja no está ahí! -sonó una voz ronca a mis espaldas.

Quede paralizada de puro susto. Me volví. En el quicio de la puerta mi tía me miraba desafiante.

-Perdón... yo…

- No es de extrañar, conociéndote, sabía que volverías. Ha decir verdad ya ni me importa. Ha pasado mucho tiempo, ya soy vieja. Las cosas se ven de otra forma. Ya todo me importa un "carajo".

- Elsa estaba enamorada de ese forastero, él la quería –repuse tímidamente– ¿Por qué impediste que se fuera con él? Quizás fue la única ocasión de que Elsa fuese feliz.

-¡Ah! Estás muy equivocada, Sonia, ¡pero que muy equivocada! Pedro no estaba enamorado de Elsa. ¡Pedro me quería a mí! Es a mí a quién escribió la dedicatoria en la primera página del libro.

Quedé tan sorprendida que no supe qué responder.

- ¿Sorprendida, verdad? Yo, una mujer casada. Felizmente, como solían decir. Con Pascual el hermano de Elsa viví de forma anodina. Todo medido, calculado. La misa del domingo, el paseo por la avenida, el aperitivo en el Casino. Todo para lucir a la hermosa Marta. ¡Oh! No pongas esa cara. Sí, Pascual me quería para lucirme delante de sus amigos. Para eso tenía las mejores vacas, el mejor olivar y por supuesto la mejor hembra. Te diré –añadió bajando la voz– en la cama ¡un desastre! –y en sus últimas palabras se fue alejando hacia la ventana.

Una fuerte angustia me subía del estómago apretándome la garganta en la medida en que mi tía iba contándome los pormenores de una vida constreñida por las costumbres de una sociedad arcaica y la imposición del deseo y la voluntad de su esposo. Lo que más me extrañaba era el poco recato que mi tía empleaba, ella que siempre había sido tan prudente en sus opiniones. Me di cuenta que su actitud respondía a una necesidad imperiosa de liberar todos aquellos sufrimientos, que durante tantísimo tiempo, había mantenido ocultos.

- Elsa se enamoró de Pedro -prosiguió mi tía. Hicimos creer a todos que así era que Pedro la correspondía.

- Eso no está bien -respondí secamente.

- Lo sé y lo he sufrido siempre. Pero eran años de represión y la mujer no tenía ningún derecho. Desviamos la atención de los demás hacia Elsa y así yo pude salvar la "situación" –hablaba con un tono agrio, la mirada de metal, el gesto firme–. Sé que desapruebas mi conducta, repuso después de una breve pausa.

- Hubiera sido más honesto que te hubieras largado con Pedro -le dije con dureza.

- ¿Largado con Pedro? ¿Y de qué hubiéramos vivido? ¡Vosotras ahora lo veis todo muy fácil! Tenéis trabajo, independencia, igualdad de derechos. Ahora es fácil, ¡entonces no!

- Cargar la conciencia con esas dos culpas debe de ser muy duro -añadí sin pestañear y sin rebajar mi severo tono.

- ¡Ah! Ya salió la culpa. Aún te quedan reminiscencias de la educación de las monjas.

- Solo fui dos años -repuse

- Sí, pero nuestra cultura y nuestra conducta han sido dictadas por la Iglesia desde siglos. Pues ya ves, no he sentido ningún remordimiento – continuó con voz apagada– en cuanto a mi marido, claro. Lo de Elsa fue inevitable, eso sí que lo he lamentado siempre. Es un remordimiento en el que he tenido que vivir toda mi vida - sus ojos se habían apagado un poco y tras un suspiro continuó:

- El brillo de mi "estrella" fue decayendo en la medida en que iba perdiendo juventud. Así, con el tiempo Pascual perdió las vacas con la epidemia, el olivar decreció y su mujer dejó de ser la más bella, la más elegante. Pero, no creas, no le faltó tiempo para buscarse sustituta. Pepote, el chico de la estación de servicios, a las afuera del pueblo, no es que se le parezca, es que es su hijo. Su madre, la Pepa, recibió a mi marido encantada y le dio el hijo que yo no pude.

- ¡Tía por favor! -Exclamé espantada.

-¡Ah, bueno!, todo el mundo lo sabe -repuso con acritud.

- Es la primera y la última vez que voy a hablar de todos estos años de sufrimiento en que tenía que añadir a sus infidelidades, su desprecio por no haberle dado un hijo. Pero, cuando enfermó lo atendí humanamente hasta su muerte. Lo cuidé con esmero.

- Creo que el viejo Adrián ha terminado de revisar el coche -dijo mi madre observando un poco sorprendida nuestros rostros, pues no sabía, a ciencia cierta, de qué estábamos hablando.

- ¡Irme con Pedro! ¡Imposible!, estaba tuberculoso. Necesitaba muchos cuidados, medicinas, reposo. Murió unos meses después en un hospital.

La voz de mi tía sonaba extraña y su mirada ausente, dio unos pasos inseguros y se dejó caer en el sillón.

Empezaba a anochecer. Salimos del despacio y medio turbada, subí al coche. Mi madre se aposentó a mi lado silenciosa. Percibía que algo serio había ocurrido en la biblioteca, pero no preguntó nada. Solo dijo que Adrián había revisado el coche y que podíamos volver tranquilamente a casa.

Durante todo el viaje no pronuncie palabra alguna, mi madre tampoco, aunque no dejaba de observarme mientras yo intentaba comprender la triste historia de mi tía y calmar la enorme convulsión que su narración me había producido.

Durante mucho tiempo y todavía hoy, me sigue preocupando la forma y manera en que vivieron sus vidas, en aquellos oscuros tiempos, la generación de mujeres de la época de mi madre y de mi abuela. Me he prometido perpetuar, como testimonio, la infinidad de sus muchos sufrimientos.

## La risa

He visto tus ojos que me observaban, mi pequeña y hermosa niña. Me ha sorprendido tu inquieta mirada, sobre todo, porque seguía allí donde iba y mirando cuanto hacía.

Estamos atentos a todo cuanto haces, mejor dicho, a todo cuanto miras. Ya tus ojos han cambiado, ya no miran desorientados ¿no?, Ahora te fijas, nos sigues con la mirada, nos observas, y ¿qué aprendes hermosa doncella? ¿Te es extraño este mundo? Por supuesto, pero no te preocupes, mamá está cerca, allí observando la calle, acabas de tomar tu pequeño desayuno y has dejado sus senos vacíos, déjala que repose no va a tardar en volver, ya sabes que no puede estar mucho tiempo alejada de ti. Es valiente tu mama, vuelve al trabajo dentro de unos días con esos hermosos ojos y esos cabellos poderosos y dirá a todos, tengo una princesa en casa que me espera, por la que voy a luchar.

No me mires de ese modo, esos brazos que también te estrechan son los de papa, ya sé estás muy contenta con ellos, también las dos abuelas te adoran, tíos, tías, sí, sí, pequeña, todos te adoramos.

¡Ah!, y ¿quién soy yo? Esa loca que va de aquí para allá y que no acaba de reír, reír con fuerza porque ¿sabes pequeña, cómo has cambiado la vida de todos los que están cercanos a ti? Y también los que estamos algo lejanos, también pensamos mucho en ti, y aquí estamos intentando hacerte feliz. Hago de payaso, muecas, risas y más risas, gesticulo, muevo la cabeza, abro los ojos, los cierro, toco el pito, me quito la peluca, soplo el tirachinas, vuelvo a gesticular, desde el marco de la ventana tu mama me observa. "Mi tía se ha vuelto loca" , creo que piensa, pero tu miras, los ojos abiertos y de repente se produce el milagro, te pones a reír, con entusiasmo, con fuerza y es como un maná de dulzura y vigor que nos invade, la preciosa niña ríe, nos ha regalado una carcajada muy sonora, como diciendo:" Esta mujer está loca, pero es divertida", lo intento, mi amor, lo intento, ya que tu llegada ha sido como un regalo lleno de amor y de muchas risas, todas esas que tu preciosa cara regala a cada momento.

## Las fresas… ¡se limpian así!

Amiga Celia, el domingo fui con un grupo de amigos a comer una paella al campo, a la caseta de Magdalena y de Roberto. Viven en el campo desde hace un par de años y tienen con ellos a la madre de Roberto que todavía está muy bien, a pesar de sus ochenta años; han alquilado su piso y también le cogen su pensión

Pasamos un día muy agradable, me refiero al tiempo, pues el viento que de vez en cuando soplaba, no era lo suficientemente fresco que nos incomodara, no, lo pasamos bien. Recuerdo que no hace mucho tiempo, cuando hacíamos estas piñatas, hablábamos de los proyectos económicos, de los estudios de nuestros hijos, de si ésta u otra asignatura se necesitaba para cumplimentar la carrera. Parece ser que fue un acierto, todo el mundo encontró trabajo. El chico de Fernanda que no quiso seguir los estudios y se fue a trabajar a la construcción (al ladrillo como dicen ahora) y con el dinero que ganaba se compró un coche de no sé cuántos cilindros (así lo comentan), y ahora se ha quedado en el paro, todavía no ha acabado de pagar el coche y los padres no saben qué hacer, ni él tampoco.

Ya sabes, los comentarios son siempre los mismos en estos difíciles tiempos que estamos viviendo. Se hacen mil conjeturas de cómo organizarse. Se cuentan casos muy alarmantes y la gente se repliega hacia sí, las familias se reagrupan. Muchos jubilados están manteniendo a sus hijos y nietos.

¿Te acuerdas de Paco, el andaluz que vino a hacer la mili y se quedó? Paco ha vivido aquí más de cuarenta años, se jubila dentro de unos meses y nos contaba: "Cuando vine de Andalucía estaba muy contento pues tenía trabajo en el textil, solo he cambiado dos veces de empresa y ahora, próxima mi jubilación, ya pagado el piso y el coche, resulta que mi hijo Pedro se ha quedado en el paro. Es mecánico, pero le han cerrado el taller, su mujer tampoco tiene trabajo y están los dos niños, mis nietos, ¿sabes que me ha dicho?, que se vuelven al pueblo. Allí yo dejé una vieja casa y unas hectáreas de terreno, hoy baldío, y que va a hacerse agricultor

¿pero tú crees que esto es posible? Se fue el padre y ahora vuelve el hijo.

Le pregunté cómo era posible y me dijo que el hijo iba a cobrar el paro durante un par de años y que en ese tiempo mientras le salía o no trabajo iba a reparar la casa y a hacer una huerta y una granja. ¡Es horroroso! es como volver atrás cincuenta años.

Comprendo el pánico de Paco pero no me parece mala idea el proyecto de Pedro. Cuando se lo decía a Paco éste me miraba y no me comprendía y vi que al igual que este andaluz que un día se vino a estas tierra en busca de mejor fortuna, muchas otras personas se encuentran ahogadas de deudas y muy acosadas sin ver salida a su situación económica. Nos han hecho creer que éramos ricos cuando en realidad no hemos dejado de ser pobres. ¿Y qué quieres?, la gente se debate angustiada intentando encontrar una salida.

Lo que me ha impresionado más es el caso de Rafael. Se montó una tienda de electrónica y su hermano y su madre le avalaron, su madre con su piso claro y le ha ido mal y no ha podido pagar sus deudas y ahora el banco ha desahuciado a la pobre Dª Marita que se creía la gran señora porque tenía un piso hermoso ya pagado, su estado anímico es deplorable.

¿Has visto la cantidad de tiendas que compran oro viejo? No sabes la cantidad de dinero que están haciendo con la cantidad de oro que la gente va vendiendo para poder salir de apuros.

La que más argumentaba sobre el tema era Clara mientras pelaba las fresas, para hacer la ensalada de frutas. La madre de Roberto la miraba insistentemente desde un rincón de la cocina. Clara cogía la fresa rebanaba donde estaban las pequeñas hojas y las depositaba en el frutero y de nuevo retomaba sus acaloradas explicaciones. "Pues esa pareja de peruanos han tenido que volver a su tierra, se compraron un piso y ya pagado quisieron otro más grande, no les bastaba éste, lo dieron al banco y se compraron el otro. A pesar de poner en garantía su piso se quedaron con una deuda de cuarenta mil euros y ahora al quedarse sin trabajo no han podido seguir pagando la hipoteca y claro, el banco se ha quedado con el piso. Y es que la gente no sabe ahorrar y se mete en unos berenjenales enormes".

En ese momento se levantó la abuela y se dirigió hacía Clara y con toda resolución le espeto:

- "Tu sí que no sabes ahorrar, estas quitando casi la mitad de la fresa al cortar las hojitas, las judías que has puesto a hervir no les has quitado la punta, sino un trozo, las zanahorias están mal peladas pues habéis dejado la mitad en la piel. Mira, coge el cuchillo y haz un redondel al lado del pezón y extrae solo las hojas. ¿Ves?, así se pelan las fresas".

Todos nos pusimos a reír de las ocurrencias de la vieja, menos yo que de repente, el pasado hambriento y desolador me golpeó duramente. Recordé con nitidez cuando un día al salir del colegio pasamos una amiguita y yo frente a una frutería. Le pregunté a mi compañera que era aquello tan grande que brillaba en el frutero central y me responde con toda naturalidad: "Pues una manzana, ¡qué va a ser!"

- ¿Tan grande? No puede ser -le repuse. No, las manzanas son más pequeñas y están estropeadas, y la mitad podridas, no brillan. Mi madre me hace pelar cada día que las hay, un plato para poder comerlas en el postre y cuando protesto porque algunas tienen gusanos me dice:

- "Esas que tienen agujeros son las mejores, las más buenas ¿tú que te crees que los gusanos son tontos? Siempre escogen las mejores, las más dulces así que coge el cuchillo y redondea donde está la lombriz devoradora la sacas y la tiras y el resto al plato para el postre".

Sentí una amargura, pues muchas veces las cosas del pasado vuelven golpeándonos y me da la sensación de no haber superado, en nada, un pasado de escasez, represión y desorganización.

# Las gafas de Venecia

Mi hermana Clara acababa de llegar a casa desde el hospital, donde había dado a luz a una preciosa niña de ojos azules, como muchos de los miembros de mi familia, excepto yo y mi madre que los tenemos marrones.

- Ve al cajón de la cómoda a ver si está allí el análisis de tu hermana y tráelo, yo voy a ver si todavía duerme -me dijo mi madre que estaba en casa de mi hermana para cuidarla en el posparto.

Cual no fue mi sorpresa al abrir el cajón de la cómoda y ver mis gafas de Venecia que habían desaparecido hace un montón de tiempo. Eran unas hermosas gafas negras oblicuas con figuras de ángeles tocando trompetas dibujando el ángulo del ojo y cerrándose hacia la sien. ¿Cómo habían ido a parar mis gafas allí? ¿Me las había hurtado mi hermana? Con un montón de conjeturas circulando por mi mente llegué hasta el dormitorio de mi hermana, que al verme con las gafas en la mano, hizo un gesto extraño.

- ¿Cómo es que tienes mis gafas de Venecia? Yo creía que las había perdido. Hace un montón de tiempo desaparecieron misteriosamente, me volví loca buscándolas, y, ¿las tenías tú?

- Sí, las tenía yo -repuso Clara desafiante.

- No hables que estás muy débil, has tenido un parto muy difícil y tienes que reposar -interrumpió mi madre un poco inquieta, ya que el ambiente se iba cargando de una tensión extraña.

- Creo me debes una explicación -le dije a mi hermana; a mi hermana pequeña que acababa de tener una preciosa niña de ojos azules. Esa hermana doce años más joven que yo, a quien tuve que atender cuando mi madre iba a su cotidiano trabajo y que dejaba a mi cuidado. Esa mozuela que hubo que empujar y motivar para que terminara sus estudios que se casó con un hombre mayor, todavía no sé porque y que ahora, me miraba con un gesto de menosprecio retándome con la mirada.

- Sí, las tengo yo, pero no porque te las robara, me las regaló Juan, tu marido -repuso desafiante.

Mi madre, perspicaz como siempre, repuso alarmada:

- Hale, dejaros de charla, tú acuéstate y descansa que lo has pasado muy mal. Tú vete a tu casa y ya lo discutiréis otro día.

Muy turbada no sabía qué pensar. Intenté irme cuando observé un gesto de reto de mi hermana, algo amargo yacía en sus ojos, en su gesto.

- Estas gafas me las regaló Juan cuando estuvimos en Venecia, en nuestro viaje de boda. Las tenía gran cariño, por su belleza. Las venecianas se las colocan en Carnaval, y un día desaparecieron, así, sin más -repuse un tanto turbada.

- Sí, tu tenías las gafas, al guapo médico por marido, el trabajo en el bufete de abogados de padre, luego dos hijos, viajes, triunfos profesionales, sí lo has tenido todo y lo sigues teniendo, yo solo pude optar a las gafas de Venecia, únicas por su belleza y por lo que representaban, vuestro amor romántico en la hermosa ciudad italiana.

- ¿Qué tonterías dices? Tú tienes tu trabajo, tu hogar, tus dos hijos, tu marido. ¡No te entiendo!

- Sí claro y si no hubiera sido por ti no tendría trabajo, ni casa, ni familia alguna -repuso Clara desafiante.

- Tienes un marido que te quiere y...

- Sí, un "hogar muy feliz" dijo con retintín. Un marido que no puede darme hijos, un trabajo que lo tengo por ti que has gestionado mi plaza en la peluquería. Sí la pequeña e insignificante Clara tiene un hogar, un hogar feliz ¿verdad? El tono de su voz se volvía agrio y mordaz.

Llegado este momento sentí cómo un pánico se apoderaba de mí. Iba descubriendo con espanto que haber ejercido de madre de mi hermana, tenía resultados nefastos.

- ¿Cómo un marido que no puede darte hijos? Tienes dos, anteayer trajiste al mundo una preciosa niña.

- Y con los ojos azules como tu marido y tus dos hijos -repuso con un gesto desafiante.

- Sí, tu pequeña hermanita empezó a ganar la partida cuando tu marido accedió a regalarme las gafas y después a darme los hijos que Mario no puede. Ya ves, en algo te tenía que ganar.

Como un robot abrí la ventana y lancé al vacío las gafas, sin decir palabra volví a casa sin saber qué iba ser de mi vida a partir de aquel momento.

# Las llaves

Javier entró en la casa dejando caer la maleta y sentándose en el sillón completamente agotado. Tantas horas de vuelo, el incómodo asiento, lo que tuvo que caminar para encontrar un taxi, en fin, toda había contribuido a aquel cansancio que lo dejó postrado más de una hora en el cómodo sillón de tía Eulalia. La tía, que tanto había querido y con la que pasó toda su infancia.

La tía Eulalia no se casó nunca, cuando su hermana Clara, la madre de Javier, murió, se hizo cargo del muchacho y cuando su cuñado se volvió a casar con aquella andaluza que vino a la recolecta de la aceituna, ella pudo cuidar de su sobrino como una verdadera madre.

A Javier le venía a la mente las batallas de su tía contra su cuñado que se llevó al muchacho a su nueva casa con la nueva esposa y la hija de ambos que nació al poco tiempo. Eulalia tenía la batalla perdida, ella era solo la tía del muchacho y ninguna responsabilidad sobre él, así que tuvo que conformarse y presentar batalla de forma sutil. Pronto comprendió que el muchacho no estaba demasiado a gusto con su madrastra ya que ésta no tenía más amor y atenciones que para su hija y el muchacho, en el fondo, le estorbaba. Con paciencia infinita y mucha inteligencia, Eulalia consiguió que el muchacho pasara más tiempo en su casa que en la de su padre. Se estableció una creciente complicidad entre tía y sobrino, al tiempo de que el muchacho fue creciendo sin sentir en el fondo la ausencia de su madre. A tal deducción llegó cuando sentado en el sillón iba recordando su años de infancia y de adolescencia. Su maestría en el violín también se lo debía a ella que un buen día se empeñó en que estudiara solfeo y posteriormente le pago los caros estudios de violín en Alemania.

La verdad sea dicha que todo se lo debía a ella y ahora aquella casa, con aquel hermoso jardín también le pertenecía como heredero universal de su "tita", como él la decía.

Había permanecido tres años seguidos en Inglaterra, estudiando inglés e interpretando, donde podía, sus conciertos de violín. Llegó a tener plaza en una orquesta en Londres de renombre, pero sus desavenencias con el director de la misma, le hicieron volver a su país.

No pudo asistir al entierro de su tía, no sabía que estaba enferma, la noticia, que se la dio su padre por teléfono, le conmocionó muchísimo, pasó varios días depresivo.

Ahora de golpe volvía a la casa donde había pasado casi toda su vida. Cada rincón tomaba un encanto particular, cada objeto se presentaba con matices y detalles inusitados. Todo le parecía más hermoso, más sutil, más lleno de fuerza.

Abrió su maleta, pero no se atrevió a colocar sus enseres en el armario. Ceno muy poco y se acostó. A la mañana siguiente, emprendió la tarea de vaciar la maleta. Pronto descubrió el pequeño estuche que le dio su tía antes de coger el avión camino de Inglaterra. "¡Toma estas llaves, son del pequeño cofre que está en la cómoda!" Javier le daba vueltas a la cabeza pensando a que venía tanto misterio. El estuche con las pequeñas llaves había permanecido en la maleta todo aquel tiempo y que había olvidado completamente "Menos mal que he guardado todo este tiempo esta maleta que sino, las hubiera perdido cuando la hubiera echado a la basura". Pensaba, cuando se decidió a abrir la cómoda y con aquellas pequeñas llaves el cofre. En su fuero interno pensó con alguna cantidad de dinero que la tía había ahorrado durante un tiempo. Pero no fue así. Solo había un sobre que al abrirlo leyó con detenimiento...

"Querido Javier, mi ahijado, mi hijo, que no mi sobrino: Te vas a Inglaterra para seguir tus estudios, siempre te he dicho que no debes de descuidar tu formación, pero que debes hacer lo que de verdad te guste, esto te hará más feliz. Yo me encuentro muy enferma. No lo he dicho a nadie porque no quiero que nadie se preocupe por mí, y menos tú, no quiero obstruir tu vida, por eso le he prohibido al médico que hable del cáncer que roe mis entrañas. Mi vida no tiene importancia, sí la tuya que no quiero empañar con preocupación alguna. Quiero no obstante que sepas el gran secreto con el que hemos tenido que vivir esta familia. Mi hermana Clara, que estaba casada desde hacía un par de años no tenía hijos, todavía, decían ellos, en cambio, yo la pequeña sí. Rompí con mi prometido y a los pocos días me percibí de mi embarazo, no estaba dispuesta a volver con él y decidí tener mi hijo sola. Pero eran tiempos difíciles, sobretodo porque nuestro padre era terriblemente severo. Así, entre las dos hermanas urdimos la situación de hacer creer que ella era la que estaba embarazada. Fue toda una comedía que llevamos a término con mucho recelo y con la complicidad de tu padre, que sin ser lo, no dudó en llevarte con él amenazándome con descubrir el engaño. Yo estuve al punto de decir la verdad cuando falleció mi padre, pero ya mi hermana desaparecida, la situación asentada tal cual, no tuve valor, al fin y al cabo te tenía conmigo".

¡Era mi madre! Repuso Javier asombrado.

Quedó consternado por lo que acababa de descubrir de su pasado. Una gran novedad. ¿Cómo era posible que después de tanto tiempo de una convivencia diaria con su tía, no llegara nunca a suponer que la que había considerado su tía, era su madre? Infinidad de recuerdos llenaron cierto tiempo, su mente, una gran inquietud se despertaba en él.

Todo surgía con fuerza; ese empeño en que estudiara solfeo, las clases de violín que tanto le aburrían, solo un día cuando su tía le convenció para tocar una melodía a los abuelos. Lo hizo a regañadientes, pero en la medida que iba interpretando aquella sonata, los abuelos cambiaron de gesto, estaban asombrados y cuando al final Javier vio en el enjuto rostro de su abuelo deslizarse una lágrima se convenció que la música sería el profundo sentir de su existencia. A partir de entonces su violín junto a él se convirtió en su gran amigo con el que recorrió medio mundo.

Pasaron los días, sin saber dónde podría ejercer su trabajo, la orquesta del pueblo sería poca cosa para él, ir a la ciudad, contactar con profesores, orquestas sinfónicas, no había tantas. Una tras otra las posibilidades se esfumaban. Estaba claro que habría de emprender la búsqueda de su futuro en una gran ciudad que ofrecería, sin duda, mejores oportunidades.

Así pasaron varios meses. Buscó por varios medios esas oportunidades que supusieran una buena oferta económica así como profesional.

Fumaba un cigarrillo de cuando en cuando mientras miraba las hermosas flores del jardín y aquel tejo fuerte que plantó la tía Eulalia, un día le dijo" "ves este pequeño árbol un día será alto y fuerte como tú".

"La ciudad me espera, tengo que ir preparando la maleta, allí puedo encontrar alguna oportunidad, pero iré a ver a Dª Amalia, la directora del Instituto, antes de partir, y mientras me tomo esta cerveza y disfruto un poco más de este esplendoroso jardín".

- ¡Ah Javier! ¿Qué tal estás? ¿Te acuerdas de la conversación que tuvimos el mes pasado? Perdona que haya respondido tan tarde. La plaza de profesor de música es tuya. Lo ha decidido la Dirección. ¿Qué te pasa? ¿Por qué sonríes?

- Es sorprendente, desde que he vuelto al pueblo no he hecho más que recibir sorpresas, por cierto muy agradables. Me pongo a la tarea de inmediato.

- ¡Tranquilo! Me alegra que te guste quedarte en el pueblo.

## Leyendo un libro, de soslayo


Mateo estaba aburrido, su mujer iba cada verano a ver a su tía Eulalia, bien hay que decir que gracias a ella el matrimonio podía pasar unos días de vacaciones en la playa, la tía era espléndida en sus planes y generosa a fin de cuentas.

Mateo no soportaba la cháchara que tía y sobrina mantenían, ésta lo hacía por interés y por eso aguantaba las viejas historias de familia que la tía no cesaba de repetir, mientras, él daba un paseo por el jardín. Ese día llovía y decidió echar una miradita por la biblioteca, ¡qué curioso, estos libros son viejísimos! Seguro que el tío los fue recogiendo poco a poco, pues de verdad nos son fáciles de encontrar, pensó Mateo mientras examinaba la vieja estantería.

"El apoyo mutuo" de Pedro Kropotkin, "Vida y muerte en la URSS" de Valentín González (el Campesino), general comunista en la guerra civil de España. "Leyendas democráticas" de Michelet, "Tolstói" de Romain Rolland, "Un capitán de quince años" de Julio Verne. "El pacto germánico-soviético 1939-1941" de A. Rossi. "Consejo de guerra contra el pueblo vasco 1936-1940" del cura Anxo Ferreiro Currás. También muchas más recientes obras del escritor y poeta argentino Norberto Pannone, del inolvidable vate R. Leiro y muchos otros que complementaban la hermosa biblioteca.

¡Qué curioso, cuantos viejos libros junto a otros más recientes!, repetía Mateo.

- Sí, lo es -repuso la tía parada en el quicio de la puerta.

- ¿Y no ha pensado en renovar la biblioteca?

- Las bibliotecas se renuevan sumando libros, pero nunca eliminando los viejos. Esos libros son nuestra memoria viva, lo que nos recuerda nuestro pasado, nuestra evolución que es permanente, aunque a veces demos dos pasos para adelante uno hacia atrás, pero son también el testimonio vivo que los seres humanos deseamos, para que las personas aprendan a mejorar su situación.

Esos libros son el legado de muchos hombres y mujeres que dieron lo mejor de sí mismos, incluso a veces la vida, porque nada cae del cielo, sin más.

Mateo estaba emocionado y observaba detenidamente todo a su alrededor.

- Me alegra que la curiosidad te haya empujado a abrir una rendija al pasado que nada tiene de despreciable, porque cuando haya pasado el fanatismo del contacto con los móviles, los libros seguirán estando ahí, esperando descubrir, a las nuevas generaciones, mejores futuros comprobando cómo las anteriores supieron trazar caminos y soluciones a sus infinitos problemas.

## Noche

Me he acercado a la ventana para observar el patio, es de noche, noche negra y cerrada. Ni una pequeña luz se deja ver. Todo es intensa oscuridad, pero presiento que debe de hacer buen tiempo y abro una rendija de mi ventana. Estamos todavía en invierno, aunque la osada primavera empieza a empujar, no va a tardar mucho en aparecer porque un vientecillo suave y húmedo me acaricia con dulzura y me dejo llevar por mi imaginación. Allí, observando a través de imágenes que se dibujan enormes, empiezo a pensar en ese patio de la vieja casa, en donde las ramas de la acacia ondulan al viento, testigo de ¡tantas historias!

Un vecino sonámbulo como yo, ha abierto una hoja del ventanal y la luz se ha reflejado en el patio –patio oscuro y húmedo– y he podido constatar que la lluvia, aunque poca, nos ha visitado durante la noche, entonces, he dejado mi imaginación vagar y la veo a ella hermosa y joven, llena de amores prohibidos que acechan al amante conteniendo un suspiro, mientras él viene galopando por el valle a la promesa de amor que el silencio cubre con discreción y sigilo.

Ella lo espera, él se la lleva y montados en bravo corcel galopan lejos hacia tierras más tolerantes donde el amor libre no sea castigado. Y mientras galopan lejos de la noche del patio y de la noche de las costumbres él le susurra:

Ya verás qué bien
cuando llegue el Alba
el cantar del mundo
te regocijará el alma
y la amarga soledad
no será tanta
cuando llegue... el Alba.

Dejarás atrás
mil contenidas ansias
de tantos y tantos sufrimientos
que ahogan tus esperanzas
y verás la luz
gozarás la vida
cuando a la humanidad
le llegue... el Alba.


De golpe la luz del ventanal se apaga y el sonámbulo vecino vuelve a
la cama. Y yo que por un momento he sido atrapada por la fantasía de la
noche, me doy cuenta de que todavía no llega el Alba, que es noche triste
y cerrada y que antes de morirme de frío tendré que volver a la cama.

Y me consuelo pensando que mientras tanto, el jinete de mis ensueños
llevará a su grupa la hermosa joven, símbolo de futuro y esperanza, aunque de momento, no llegue el Alba.

# Paloma

Ya veo que has vuelto, no queda ni un solo grano de arroz del que deposité en el anaquel de la ventana. ¡Tenías hambre! Ya sé, igual que siempre. ¿Pero qué pasa? Te veo más agitada, más nerviosa. Antes tu pareja encovaba a los pequeñines, hacía de clueca y tu podías ir más lejos a buscar el alimento que tus piñuelos necesitan y, cuando no encontrabas el suficiente, te acercabas aunque temerosa, por ver qué te podía yo dar.

Me acuerdo aquella mañana soleada cuando yo, sentada en mi hamaca leía un libro, de repente oí aletear ligeramente, eras tú y de forma descarada te pusiste a comer las migajas de pan que se me habían caído. Y desde entonces nos hemos visto todos los días, yo comiendo y tu picoteando todo al alrededor, llegamos a ser buenas amigas.

¿Entonces, por qué te fuiste? De repente, ¿el ser humano te da miedo?, yo también le he tenido siempre miedo, ahora ya no. Me he hecho más fuerte. Lo que tu tendrías que hacer ¿Y por qué vuelves ahora?

Ya lo sé, ese desalmado ha matado a tus bebés y a tu compañero, mientras volabas en busca de comida, ya erais muchos y mis migajas no eran suficientes. Tú te salvaste porque volabas lejos y por tu color blanco.

¿Has formado nueva pareja? ¡Bien!, quiero que sepas que todas las palomas del parque sois blancas y así tiene que ser, dicen que son más decorativas, ¡qué absurdo! sin mezclas de ninguna clase. Me dijo el jardinero que os vigila, que en el momento ven a alguno de vosotros de otro color, digamos gris, negro, en fin, con colores mezclados, pasa por la vía rápida al cocido que ese desalmado tiene escondido en el almacén de herramientas. Allí se sienta bebiendo un vaso de vino mientras saca del caldero y saborea vuestros huesos.

Así que ten cuidado con quien te juntas. Tú eres de un color blanco hermosísimo, estás a salvo. Debes escoger a tu compañero de tu mismo color para tener la garantía que los descendientes también tendrán ese blanco hermoso.

Pero tú no entiendes nada de eso ¿verdad?, porque el amor, es el amor y, tienes razón. ¿Qué puñetas nos puede importar el color o la estatura, este matiz o aquel?

Ahora llueve, ayer nevó, y pienso que en este mal tiempo tiene que ser más difícil poder encontrar el alimento que os es tan preciso. Recuerdo haber conocido a varias personas, mujeres en realidad, que iban con un cesto bordeando las aceras para ir a los parques y poder echar puñados de arroz con que alimentaros, ¡qué valor! Los hay incluso que son contrarios, dicen que las palomas ensucian las aceras, los monumentos y el ambiente, en cambio es muy agradable ver a un niño pequeño correr detrás de esas dulces palomas que echan a volar tan pronto te quieres acercar a ellas.

No te preocupes, te voy a ayudar. Tú ven todos los días, yo procuraré que tengas tus granitos en este recipiente ¿te gusta o lo pongo sobre la manisa de la ventana? ¿Te vas?

Seguro que no has entendido nada, pero creo que mañana volverás a por los granos que te iré dejando sin que importe el color y lo absurdas que pueden ser algunas personas.

# Pedro

El patio era pequeño y cubierto de plantas, en medio una puerta ancha y bajita, había que inclinar un poco la cabeza para poder entrar. En cambio el color de la madera era brillante. Pensé que las dos mujeres que compartían la vivienda eran muy hacendosas.

- Compra el pan y la leche y yo me acerco a ver a Eulalia y a Amanda –me dijo mi hermana– mientras desaparecía inclinando la cabeza por la puerta de madera luminosa, yo entré por la puerta de la panadería que quedaba a la izquierda.

Esperé largo tiempo, solo era una pequeña visita y ya estaba tardando mucho. Cogí un pedazo de pan y me lo fui comiendo, mientras miraba la ventana por ver si alguien aparecía. En cierto momento vi que se movía la cortina, pero no vi a nadie. La ventana de la vivienda de las hermanas Eulalia y Amanda, daba al patio y desde allí las dos amigas de mi hermana, observaban a toda persona que entraba a la panadería, ya que la gran puerta de acceso al patio daba entrada a la panadería y a la vivienda de las dos mujeres. Dos lugares que quedaban al fondo del pequeño patio.

Todavía esperé por lo menos media hora, cuando empezaba a desesperar apareció mi hermana cerrando la puerta de la vivienda de sus amigas y mirándome me dijo:

- ¡Vamos que se nos ha hecho muy tarde!

- ¡Será a ti, yo llevo más me media hora esperándote!, casi me como todo el pan.

Cuando levanté la vista, ya saliendo por la puerta de acceso a la carretera, Amanda nos observaba desde la ventana. Levantó la mano y nos dio un "adiós" con gesto doloroso. Yo me detuve y la observé, estaba tremendamente triste, su gesto me desconcertó.

- ¡Vamos ya! -repuso mi hermana y nos dirigimos al coche aparcado en el arcén.

Mi hermana tampoco estaba muy contenta, me pareció desconcertada.

- ¿Qué ha pasado? ¿De qué habéis hablado que te has retrasado tanto?

- Amanda está cuidando a su cuñado Pedro.

- ¿Y qué tiene Pedro para que lo cuide su cuñada y no su mujer?

- Eulalia se ha marchado.

- ¿Cómo qué se ha marchado? -le dije a mi hermana llena de sorpresa.

- Se ha marchado del pueblo -me dijo mi hermana.

- ¡Cómo que se ha ido del pueblo! ¿Y ha dejado a su marido enfermo?

Mi hermana hizo un gesto dubitativo.

- ¡Qué drama, es increíble!

- ¿Qué es lo increíble? ¡Anda explícate!

- Eulalia lleva muchos años cuidando de su marido y un buen día conoció a un mecánico que vino para montar unas piezas de la trituradora de la Cooperativa agrícola, y se enamoraron y ni corta ni perezosa se fue con él.

- ¿Con él? ¿Con el mecánico?

- Pues sí, y claro le ha dejado el "mochuelo" a su hermana. Ahora Amanda tiene que cuidarlo, pórque si no ¿qué hace?

- ¡Pobre Pedro!

- Menos pobre Pedro, ¡Podre Amanda! Pedro hizo toda la vida de las "suyas" hasta que tuvo el accidente que lo dejo en cama.

Pedro "había hecho de las suyas", Eulalia se había largado con su amante y sí, pobre Amanda que cargaba con el inválido Pedro. A veces me pregunto quién es víctima, quien es el verdugo, quien hiere, quien es herido, quien defrauda y quien acoge y carga en sus espaldas la maldad, las torpezas y los errores, que muchas veces son horrores de los demás, y además, no se descomponen ni se desesperan.

Toda una lección para reflexionar.

## Pequeñas cosas con efectos positivos

Me sorprendió que no me abriera la Marita. Una señora enjuta con el pelo blanco, se asomó a la puerta mirándome con sorpresa.

- ¿Marita no está?

- No, ha salido a comprar -me respondió la señora con una sonrisa; me causó una impresión agradable.

- Yo soy su suegra, bueno, su madre política -añadió prestando atención en cuál de los dos términos yo encajaba mejor, si prefería el normal o habitual o si yo era un poco presuntuosa, o "pija" como suele pensarse.

- ¡Ah! Soy Rosa su amiga que…

- Sí, me ha hablado de usted, pero no creía que viniera tan pronto.

La mujer comprendió mi embarazo y esbozó una amable sonrisa que desvaneció toda tirantez. Empezamos a hablar con toda naturalidad. A los diez minutos tenía la sensación de conocerla desde siempre.

- ¿Aquí la hermosa habitación de invitados? Le dije con cierto énfasis después de un rato de charla.

- Pues ya no -repuso con cierta malicia, me miró un instante y cómo haciéndole cómplice de algo que yo ignoraba, añadió "Voy a enseñarle algo que creo le gustará", y abrió la puerta, sin más de la habitación de invitados donde yo me había alojado varias veces cuando venía a casa de Marita.

La habitación de invitados había cambiado completamente, me quedé asombrada. En un lado de la ventana casi en el centro de la habitación, había una cuna, una cuna hermosa. Como un robot me acerqué a ella, era preciosa, todo detalle sorprendentemente bien cuidado, colcha de seda,

66

bordes de puntillas, el rosa de fondo el blanco complementado, todo detalle cuidadosamente elaborado.

- Este cacharrito, que no sé cómo se llama, se pone en marcha con
solo que el bebé se mueva, aquello te deja ver cómo duerme desde la
puerta. Aquella mujer delgada, de pelo blanco, de voz dulce y de mirada
profunda me estuvo hablando de los mil detalles que ella y Marita estaban preparando para ese bebé que estaba por llegar.

- ¿De cuánto está Marita?

- Acaba de cumplir los dos meses y medio.

- Yo de dos, y venía con otro propósito. Quería saber de su decisión.

- Lo sabemos, pero un hijo es siempre una bendición.


La miré y me di cuenta que algo sabían, Marita y ella de mi visita y
de mi propósito y que ahora, a la vista de aquella habitación con todos
aquellos de detalles para recibir a un bebé que yo creía no deseado, un
bebé que de repente era todo amor, dulzura, esperanza, aquella futura
abuela, me había derrumbado.

- Con los tiempos laborales y económicos que corren, la familia tiene
que ayudar -repuso convencida observando en mi algún gesto divergente.

Miré a aquella mujer y sentí que tanto su mirada como la dulzura
de su gesto, habían cambiado mi actitud y el enfoque del problema que
llevaba a cuestas; otras consideraciones se abrían paso en mi ánimo y
por supuesto, otro camino habría que empezar a considerar, como había
hecho mi amiga.

## Subir y bajar

Mi querida Paula, acabo de llegar a casa de mi madre. No te asustes, he dejado la playa. Bueno he dejado la casa, he dejado a Pablo.

No debería extrañarme de verme aquí, pues recuerdo todo lo que hablamos. No quise creerte, nunca pensé que mi marido me sería infiel. De la forma que lo ha hecho resulta mucho más patético. Me pregunto qué ha podido pasar para que me haya decidido a dejarlo, ¿su infidelidad? ¡Claro!, hasta que me he hartado. Me he sentido tan mal, no he discutido, no he podido y así de repente he subido al coche y he emprendido la vuelta, hasta que he llegado aquí.

Recuerdo cuando le conocí, era un muchacho alegre, fuerte, lleno de entusiasmo, quería acabar la carrera en un par de años, no pudo, su padre murió y tuvo que ocuparse de la casa, de su madre y hermano. Se puso a trabajar de mecánico. ¡Qué años más duros!, pero yo siempre tuve fe en él, y aunque nos casamos sin nada, ya ves, luchamos mucho, hasta que conseguimos fortalecer nuestra economía. Alquilamos el local, luego lo compramos, pagamos el piso, en fin no quiero aburrirte, todo eso lo sabes tú tanto como yo. En aquellos años me sentí un poco abandonada, quizás la rutina, la dedicación a lo económico que nos absorbía tanto, no sé, por suerte pasó. Siempre me he preguntado porque lo años tienen que acabar con el amor de una pareja. A veces hacemos comparaciones, por ejemplo el amor de Romeo y Julieta, ¡cómo se amaron!, hasta morir el uno por el otro, ¡qué arrebato! ¡Qué sublime! A lo que contestó el ecléctico, "Si hubieran vivido una temporada larga juntos, hubieran acabado en divorcio", ¡Oh qué ironía! ¿Es así como tiene que acabar toda relación amorosa? Me niego a admitirlo, a pesar del difícil momento que estoy pasando.

Lo que más recuerdo fue cuando tuve el accidente; me caí por el terraplén de donde me sacaron los bomberos, se pensó que me había matado, pero estaba viva y estuve consciente todo el tiempo, pero lo que más recuerdo fue su cara de espanto y desesperación cuando se acercaba a la camilla con la que me sacaban de entre el amasijo de hierros retorcidos. "¿Cómo está mi mujer? ¿Qué ha pasado?" No se tranquilizó hasta que, en el hospital el médico que dijo que estaba llena de contusiones pero que ninguna herida de importancia. Por la noche me cogía la mano y me la besaba.

¡Qué locura!, me hubiera gustado accidentarme todos los meses. Desde entonces me hice el propósito de cuidar más mi matrimonio y por un tiempo fui feliz. Pero no basta con que sea uno el que lo ponga todo, el que lo cuide todo, el amor es cosa de dos.

Con su nuevo trabajo nos mudamos a la casita de la playa, ya sabes, son tres pisos, nosotros vivimos en la planta baja y los otros dos de encima los tenemos alquilados.

Y así fue que mi marido tomó una inusitada costumbre de subir y bajar, de bajar y subir, pues estaba más tiempo arriba que abajo, para visitar al vecindario. ¡No, no estoy de guasa! ¡Cuánto disimulo, de mi parte y de la suya! ¡Cuánta cobardía!, también de su parte y de la mía.

Ahora me doy cuenta que un problema cuando no se ataja en el momento justo, acaba enquistándose. No quería creerlo, subía para ayudar a la vecina, para arreglarle el grifo, ayudar a su hija en los deberes, a cualquier tontería. Ya no quedaban grifos que arreglar pero seguía subiendo. Los enfados y discusiones no nos servían de nada, siempre había un pretexto, para subir y poco aliciente para bajar. Y de repente me vi sola, un vacío me invadía, no sentía, por decirlo así, ni celos, nada, un enorme vacío.

Y así, se me terminaron las preguntas, se le acabaron las respuestas, pero continuaron las escusas y este infernal subir y bajar se fue imponiendo, expandiéndose, invadiendo mi vida y mi realidad y anoche cogí mis cosas, lentamente, mirando cada rincón de la casa, observando el ir y venir de las olas a través del ventanal, recordando, cuando al principio de instalarnos, cuando tan feliz pensaba que sería. Salí de la casa, sin mirar atrás.

# Vuelta a casa

Corría rauda una lágrima por su mejilla; él mismo estaba asustado, le habían pegado y amedrantado. Esperaba más golpes. Pero en ese momento el niño miró hacia la puerta que se abría renqueando como de costumbre. Entro la madre aterida de frío, sus ojos se fijaron en el "hallar" que seguía apagado, ni una ligera lumbre calentaba el ambiente.

No había recogido mucho dinero delante de la iglesia esa mañana. La gente va cada vez menos a misa, se decía. El marido le había quitado lo poco recaudado, y había vuelto a la taberna, no había podido comprar el pan y la leche que el niño necesitaba.

Los primeros copos de nieve empezaban a caer, en ese momento había un silencio que lo invadía todo, una calma que penetraba lentamente, las embotadas manos habían dejado de doler, el persistente pinzamiento en el estómago había desaparecido. Sin saber porque, se sentía bien, quizás a fuerza de sentirse tan mal, tan desesperada.

El niño la observaba, estaba mojado, ya tendría más de dos años, pero continuaba "mojándose", cada vez que su padre se acercaba para chillarle cualquier insulto o soltarle un bofetón.

A los golpes del padre se añadían los empujones de la madre que se dejaba caer sin aliento, sobre el derruido sofá. Vencida por el cansancio, la adversidad y el desamor, se durmió.

Y así, sin comer, el llanto del niño se iba debilitando hasta que entraba en un sopor, en donde la incomprensión y el absurdo todo lo invadían.

Cuando Irene traspasó la puerta, sobre la silla desencajada dormía el niño, la madre hacía lo propio, sobre el desvalijado sofá. Afuera la nieve había cuajado. Una capa blanca lo cubría todo.

- ¡María, despierta que es Navidad!

- ¡Y qué! ¿Has traído turrón?, balbuceó, medio dormida la madre

- No, pero os voy a llevar, dijo Irene, su hermana

- ¿Adónde?

- ¡A casa! Esto se ha terminado. Es hora de retomar la vida con los valores que siempre has sustentado. El amor no puede pedir este alto precio: tu degradación.

Media hora después salían por la puerta los tres. María arrastraba los pies, andaba de forma imprecisa y titubeante. Irene apretaba al niño, su sobrino, contra su pecho. Se dirigieron lentamente hacía el coche que estaba aparcado al lado del montículo de escombros.

- ¡Se ha terminado de padecer! los padres nos esperan.

Cuando el coche pasó por delante de la taberna, un hombre eufórico salía dando gritos, profiriendo insultos a los que quedaban adentro y lanzando mil promesas al aire de futuro para su hijo y esposa que nunca se cumplían y que solo las profería cuando el alcohol empapaba su cuerpo.

Esta vez Irene sujetó a su hermana.

- Déjalo, se ha casado con la bebida, tú y el niño, le importáis muy poco.

Irene conducía lentamente, en el asiento trasero madre e hijo dormían.

Durante el trayecto Irene intentaba comprender cómo era posible que su hermana hubiera caído en semejante degeneración. Pensó esta vez con más claridad, que no solo era culpable su hermana como quería hacer creer su padre. María por ser la mayor se había siempre enfrentado al padre, el hermano marchó muy joven al extranjero a trabajar en la vendimia y luego se quedó allí. Quedaron en casa una madre amedrantada, María la hija mayor e Irene la pequeña, que fue criada por la abuela cuando el padre por un accidente laboral tuvo que permanecer largo tiempo en el hospital.

- Rosa, no te preocupes, tú ve al hospital hasta que tu marido se recupere y pueda trabajar, María ya trabaja y estudia y de la pequeña, yo me hago cargo - le dijo su hermana.

El padre siempre había vociferado contra todo; primero contra Rosa, su mujer, por "haber criado tan mal a sus hijos", después contra la situación laboral y sus derechos, la política de éste o aquel partido, contra el vecino, incluso contra los amigos con quienes compartía la partida de cartas todos los sábados, pero nunca hacía nada de las mil soluciones que apuntaba.

Las soflamas no eran más que meras rabietas, incluso las humillaciones del trabajo las traía a casa y allí todos se veían obligados a sufrir sus arrebatos, que luego quedaban en nada.

En consecuencia, un día se encontró solo con su mujer. Su hijo se quedó en Francia, María se unió a un joven "prometedor" que acabó en el alcohol e Irene la más resuelta, la educó la tía.

Sentado en el banco del parque, le explicaba a su amigo Cristóbal todas sus "desgracias" y lo solo que se sentía.

- ¿No te has cansado de repetir todos los días lo mismo? ¿Qué has hecho para llegar hasta aquí? O mejor dicho ¿qué es lo que no has hecho?

Volvió a casa meditabundo, pensando qué hacer, estaba totalmente perdido en mil pensamientos y divagaciones.

Miró a su mujer y mirándola a los ojos no supo qué decir, alargó el brazo y apretó la mano fuertemente a aquella mujer a la que tantas cosas debía.

# 2 de la cultura

La vida entera es un cúmulo de detalles, a veces insignificantes o que pasan desapercibidos, porque esperamos una explicación contundente de las cosas que nos ocurren

## Aceite, líquido dorado

Mientras esperaba a que Laura se preparase para ir al baile, su madre me hizo pasar a una estancia que lindaba con la cocina y que resultaba muy acogedora. Me puse a mirar los cuadros, los estantes con libros cuando al levantar la vista, vi en una parte de la estantería un conjunto de pequeñas figuras en cerámica que representaban diversas imágenes a una gitana, una bailaora de flamenco con pose artística y varias otras más.

- ¿Qué son vinajeras? -pregunté a la madre de mi amiga.

- Yo diría, más bien, aceiteras.

- ¡Son preciosas!

Voluntariosa me las bajó todas del estante y así las pude ver de más cerca.

-¡Figúrate! ¡Algunas todavía contienen aceite!

La figura era preciosa. La parte baja era la falda de la bailadora y su cabeza el tapón, sus brazos, por donde se podía servir el mágico elemento: el aceite. La cara quedaba un poco confusa; lo demás, con bellos trazos de colores rebordeados de negro.

Sin querer y de forma torpe, tumbé la aceitera y se derramó el líquido, un poco, pues no quedaba mucho. No pude evitar tocarlo con los dedos, acariciarlo. ¡Qué suave! Aproximé el dedo a mi nariz. ¡Cómo huele después de tanto tiempo! me dije.

Enjuagué el trozo de mesa manchada, antes de que llegara la madre de mi amiga.

No pude dejar de pensar en cuantos servicios le debemos a este rico elemento. ¿Cuál es su historia? ¿Desde cuándo, los humanos se han servido de este alimento con que nos ha dotado la naturaleza? ¿Cuáles han

74

sido sus aplicaciones? Y casi sin querer, me vi transportada a los antiguos puertos mediterráneos en donde los fenicios ya negociaban con nuestros autóctonos, tanto con el aceite como con el vino, los dos sustentos primigenios de nuestra cultura, la que ha anidado la cuenca del Mare Nostrum desde tiempo inmemorial, desde Cádiz a Estambul pasando por Barcelona y Marsella.

Aquellas primeras luces, con lo que llamamos en estas tierras el *cresol*, donde en una base de aceite una mecha iluminaba las estancias, aquellas calles empedradas en donde las doncellas, en una Akraton griega, llevaban ofrendas a los dioses.

El aceite ha sido la sustancia básica de nuestra cultura, pues no solo ha iluminado templos, y ha sido la vigía de dioses, ha sido también nuestra alimentación junto con el trigo y el vino. En medicina el aceite nos ha curado infinidad de dolencias, desde heridas de guerra o accidentes hasta los estreñimientos.

Pócimas de miles de hierbas compuestas, amasadas, aliñadas con aceite. Aquellas cataplasmas con que la "curandera" aliviaba nuestros males. Sería enorme el trabajo de búsqueda de esta mágica sustancia de nuestra cultura actual y pasada.

Exhaustivo sería, también, encontrar referencias históricas y culturales del aceite. Cuando decimos "esto se expandió como una mancha de aceite", ponemos de manifiesto nuestro vínculo ancestral con este rico elemento.

Y cuando en una mesa de hermosos manteles, cristalería exuberante, donde el caviar, el "foie gras" y el vinagre perfumado aportan su buqué de perfección, una radiante aceitera con el dorado líquido de nuestros lares, elevará al punto más óptimo de gourmets, para degustación de dioses.

## Capeando el temporal

- A ver: "Ya con la fe perdida voy recorriendo del mundo al retortero / viendo que son iguales al primero / los últimos errores de la vida.

- ¡Ah sí, Campoamor!

- Acertada. Ahora veamos este poema de quien es. Te toca a ti Marita "Hasta que el pueblo no las canta, / las coplas, coplas no son. / Y cuando las canta el pueblo, ya nadie sabe el autor. / Procura tú que tus coplas vayan al pueblo a parar, / aunque dejen de ser tuyas / para ser de los demás. / Que al volcar tu corazón en el alma popular / lo que se pierde de fama, / se gana de eternidad.

- Pues… no sé.

- ¡Yo sí, yo sí! Antonio Machado.

- Acertada. Venga Pedro, ahora tú, anímate a ver si aciertas. Y no te preocupes, tan pronto deje de nevar iremos a dar un paseo y a pisar la nieve.

"Siempre habrá nieve altanera / que cubra el monte de armiño/ Y agua humilde que trabaje, en la presa del molino / / Y siempre habrá un sol también / un sol verdugo y amigo / Que trueque en llanto la nieve/ Y en nube el agua del rio".

- Pues no tengo ni idea. ¿No podemos salir ya profe?

- Pues no. Ese poema tan hermoso es de León Felipe. Es menos conocido que los otros, pero de un gran valor.

- Ya veo, pero nos lo está poniendo difícil.

- A ver éste, solo una estrofa "Y yo me la llevé al río creyendo que era mozuela, pero tenía *marío*".

- ¡Ah, ese sí! Federico García Lorca.

- Sí, por cierto asesinado en los primeros días del levantamiento fascista previo a la guerra civil.

- Bueno, y éste "Bendita sea la gente / que no admite ataduras. / Bendita la gente dura / que no se deja ensillar / ni toma gusto al pan amasado en servidumbre. / Bendito sea el que alumbre de nuevo la Libertad"

- ¡Vaya silencio! Ya veo que nadie lo sabe.

- No sabemos el nombre del autor, pero es de un país de América ¿Cuál?

-¡Brasil!

- Pues no, Argentina.

- Vaya, a los argentinos les da por la literatura.

- Pues sí, veamos pequeños trozos de autores argentinos: "Ese nervio secreto que impele/con tu pecho herido, desgarrado/como un verbo rima engarzado/ y es más pulso tal vez cuando os duele" Aquí tenemos a R. Leiro.

- "Sentado bajo el árbol / te veo pasar/ Me da tanta peno ver cómo vas: /A veces apurado, otras, lento y calmo/ Mido tu angustia con la mía"... Aquí Pannone.

- "Mañana no sabemos si la guerra /Olvidando firmas y tratados/ Volverá entre llantos y miserias /Invadiendo derechos amparados"... Y Elsa Solí (Nalo).

-"No oculto la verdad /no me hagas de modestia /No finjo que escribo para mí misma/Soy un ególatra poeta y exijo mi derecho/a la soledad perpetua". Y por ultimar a Teresinka Pereira.

- En fin, ¡hay tantos!

- Sí, ya, pero ha dejado de nevar

- Buenos chavales, nos vamos de excursión. Aunque podríamos en el paseo...

- Deje, deje profe, vamos a ver los hurones, las liebres y demás. A lo mejor vemos algún que otro jabalí. La naturaleza también es hermosa, deje la poesía para cuando nieve…

# Crucero por el Mediterráneo

Por fin parece que íbamos a poder realizar el crucero que tanta ilusión nos hacía, una vez superados una serie de pequeños inconvenientes que surgieron en los dos últimos meses de espera. Floreal nos llevó a Elvira y a mí hasta la estación de Alicante, llovía a cántaros y yo me preguntaba a donde había ido a parar el "veranillo de San Miguel", temiendo por supuesto, que la lluvia nos acompañaría el resto del viaje. Pero no fue así, en todo el trayecto a través del mediterráneo, y el mar Egeo, el tiempo fue espléndido. Subimos al tren, y esa noche dormimos en Barcelona y a las siete de la mañana del 28 embarcamos en vuelo directo a Atenas, donde llegamos a medio día.

El personal del Gran Mistral vino a recogernos al aeropuerto y nos conduzco al barco. Una vez instaladas en nuestro camarote y nuestro equipaje en los correspondientes armarios nos dimos una vuelta por esta hermosa ciudad flotante que es el Gran Mistral. El servicio, que comprende una treintena de nacionalidades diferentes es de suma amabilidad y simpatía. Compruebo que la palabra Barcelona en griego es "Bapkeyovia"(la y hay que escribirla al revés). Me doy cuenta que va a ser imposible de pronunciar, ni mínimamente, una sola palabra en este idioma que tiene 24 letras como las nuestras y 10 se escriben de forma diferente. Me atrevo con otra palabra "Efharistó" que significa gracias. Concibo rápidamente que voy a depender totalmente de la buena voluntad de los guías, a los que voy, por supuesto, a bombardear con las mil preguntas que sin duda van a surgir en esta aventura que significa visitar Atenas, Heraklion (capital de Creta) (he comprado una cabeza del Minotauro y visitado el laberinto) Egipto, Rodas, Esmirna con la antigua ciudad de Éfeso, y Estambul. Estos lugares son la cuna de nuestra civilización y tomar conciencia de ello supone una gran emoción. Cada paisaje, montañas, campos, ciudades no escapan a la avidez de nuestros ojos.

29 de septiembre: Atenas recostada entre el puerto del Pireo y los montes que la circunvalan es de una luminosidad extrema. Chocante el parecido con el levante español, tanto en el paisaje como el paisanaje.

Abundantes olivos, pinos y helechos, mayormente. La gente es educada de aspecto sencillo. El puerto cuenta los 100.000 habitantes junto a Atenas cuatro millones y medio. Hay pocos espacios verdes, en cambio la gente tiene hermosas plantas en los balcones, como en Andalucía. Visitamos la Acrópolis y demás barrios, a decir verdad no podría escribir tanto como nuestra amable guía nos va contando. Grecia tiene 10 millones de habitantes y un millón de extranjeros, miles de islas la configuran pero muchas de ellas son islotes deshabitados; obtuvo la independencia de los turcos en 1830. Hay una manifiesta hostilidad entre turcos y griegos (a decir verdad, una rivalidad que dura más de tres mil años, si tenemos en cuenta la eterna pugna entre griegos y persas). A nuestra vuelta observamos, que a nuestros pies, las olas ondulan suavemente mientras nosotras cenamos y el barco sale del puerto rumbo a Heraklion.

30 de septiembre: La isla de Creta se incorporó a Grecia en 1913, tiene unos 600.000 habitantes y fue dominada por los venecianos durante más de cuatrocientos años. Visitamos sus ruinas, son de las más antiguas, es admirable los empedrados, las figuras y los frisos, las calles enlosadas. El palacio de Cnosos, la leyenda del Minotauro, todo bulle en nuestra mente, resulta impresionante.

1 de octubre 2009: Llegamos a Alejandría, en la desembocadura del Nilo, con sus más de seis mil kilómetros es el más largo del mundo. Los egipcios viven del y para el Nilo, a ambos lados el desierto imponente. Salimos de Alejandría, todos los autobuses en caravana, escoltados por policías egipcios, a nuestro lado se sentó un joven policía de paisano. Nuestro guía Zizo nos narra incansablemente sobre nuestro recorrido y sobretodo, del islam. Es la primera vez que tengo ocasión de saber sobre esta importante religión que practican más de mil millones de seres en este mundo. Escrito en árabe han quedado varias palabras que gráficamente son así: *ailla* = sí; *la* = no y gracias que suena así: *chokran*. Qué curioso, no dejo de sorprenderme. Delante de las pirámides de Gizha, ya en El Cairo, somos literalmente asaltadas por personas que intentan vendernos un montón de "souvenirs", hasta nos es difícil poder hacernos unas fotos; un policía que monta guardia delante de las Pirámides mosquetón al hombro, se ofrece a hacernos unas fotos, luego nos pide dinero por el servicio. El inmenso cementerio que se encuentra a la entrada de la

ciudad está habitado tanto por muertos como por vivos que comparten espacio. Egipto es un país musulmán en donde está prohibido hablar de política, de religión y de sexo, justo de lo que hay que hablar le digo al guía que sonríe "Menos rezar y más trabajar", vuelve a sonreír y asiente con la cabeza. Comemos en un restaurante barco, al borde del Nilo. Se mezclan en mi mente un sin fin de cosas, colores, dibujos, la mezquita de Alabastro, llamada Salah AlDin, los mamelucos antiguos piratas y mercenarios, música que sale de una flauta mientras un hombre vestido con una túnica da vueltas a una especie de sombrilla que hace girar por encima de su cabeza, acabo aturdida y subo al autobús mientras el guía nos dice que El Cairo tiene treinta y cinco millones de habitantes y Egipto en su totalidad, unos 80 millones, todos viven a lo largo de ese río sagrado y ancestral de más de seis mil kilómetros de largo, sede de una antiquísima cultura, protegida por el desierto que se expande a ambos lados.

Vuelvo al autobús medio mareada, no sé si por el calor, el agobio o la impresión ante tanta miseria. Nuestro amable guía nos lleva a una lujosa tienda y algunos compran papiros donde están escritos mensajes jeroglíficos. Yo le encargo una colgante con "Ruth" para mi sobrina. De Alejandría hasta El Cairo hay una recta de 250 kilómetros que alcanzamos en algo más de dos horas de trayecto, tanto de ida como de vuelta. Subimos al barco a las 8 y media de la noche y poco después nos alejamos subiendo el mediterráneo para llegar al día siguiente a Rodas.

El 2 de octubre: llegamos a Rodas, una preciosa isla, pertenece a Grecia (tiempo soleado mínima de 16 grados máximo 35), hay varios miles de islas e islotes, Rodas es la cuarta en tamaño. De 1913 a 1943, estuvo ocupada por los italianos, luego fue incluida a Grecia, tiene 500 hoteles, es eminentemente turística, el pueblo medieval precioso fruto de la dominación veneciana. Ya no existe el Coloso de Rodas de que tanto nos hablan las fábulas, pero eso no le quita belleza. Está a 244 millas náuticas de Esmirna, la primera ciudad turca que vamos a visitar y a donde llegamos El 3 de Octubre La ciudad de Esmirna es famosa por albergar, un poco hacia el interior, la ciudad de Éfeso, donde nacieron tantísimos sabios griegos de la antigüedad, Homero, Tales de Mileto y tantos otros. En turco Esmirna es Izmir. Nos dice nuestra guía que la guerra de Troya no fue por amor sino por no pagar tributo a los persas que dominaban el estrecho de los Dardanelos (El Bósforo). Anatolia es el nombre de la provincia, Cibeles la diosa que se transforma en Artemisa, y para los romanos en Diana. Impresionante la mezcla de culturas, los personajes que pasaron por esas ruinas, ciudad de Éfeso, que con solo un 15 por ciento que hoy está descubierto, tiene un teatro que se supone con una cabida de 25.000 personas, lo que nos hace una aproximada población de unos 250.000 habitantes, algo verdaderamente sorprende para una época tan antigua de hace más de cinco mil años. Los baños y las letrinas, los acueductos, los pilares y las columnas, dóricas, jónicas, verdaderamente preciosas. Se puede imaginar mucho más de lo que se ve pues su grandeza nos impresiona. Cerca hay un monte con una basílica de la virgen que han visitado los dos últimos papas y donde los cristianos van a rezar y a pedir deseos; una especie de "Lourdes". Esmirna rodea todo el golfo como un cinturón, no se ven espacios verdes.

El 4 de octubre: sobre las 3 de la tarde llegamos a Estambul, estaba lloviendo, pero desembarcamos para visitar la Mezquita Azul y la catedral de Santa Sofía, joya de la cultura bizantina, después mezquita y hoy biblioteca. Por la noche vamos a cenar a un restaurante donde nos ofrecen bailes folclóricos y por supuesto la "danza del vientre", con cuatro hermosas danzarinas con sendos espectáculos.

En nuestro segundo día en Estambul damos un paseo de más de dos horas en barco; viajamos a través del "cuerno de oro", una manga marítima que se introduce por suelo turco dejando a ambos lados la preciosa ciudad mitad europea mitad asiática. El puente Gálata une las dos partes de una ciudad de 15 millones de habitantes. El puente de Atakun, la mezquita de Solimán, las termas y un sinfín de otros preciosos lugares. El Bazar sorprendente. La gente es seca en el trato, pero educada.

El estrecho del Bósforo es peligroso, se necesita mucha pericia en la navegación de los barcos. Al borde del estrecho lucen los chalets y los antiguos palacios. El resto del día lo pasamos visitando el palacio de Topkapi donde se halla uno de los tesoros más impresionante que jamás he visto. Hay un diamante que fascina y te preguntas cómo es posible que pueda existir un diamante tan enorme, así como las esmeraldas que cubren la empuñadura de un sable cubierto en su totalidad de piedras pre-
82

ciosas de un valor incalculable, trajes de sultanes cubiertos de pedrerías, todo ello de verdad, impactante.

Ciento sesenta kilómetros de largo por sesenta de ancho comprenden Estambul, cuya belleza nos llevamos tanto en la retina como en el corazón y por supuesto guardando el sentimiento íntimo de un día, a ser posible, volver.

# Una carta solidaria

Me ha gustado mucho tu carta, Marieta. Es verdad que han venido a verme al hospital muchos de nuestros amigos, familiares y vecinos. Muy agradecida a todos ellos por supuesto.

Entraban en trompa, todos hablaban a la vez, todos interesados en saber cómo había ido la operación. Después han desaparecido todos, enterados de que no he perdido la pierna y que con la operación y un tiempo de reposo, volveré a la normalidad.

Cuando el último visitante ha cerrado la puerta tras de sí, he respirado aliviada, he cerrado los ojos hasta que ha entrado la enfermera para las últimas curas. Después un silencio reparador lo ha invadido todo. He sentido un gran placer, he acariciado el sobre y he abierto la carta, gracias Marieta por tus amables palabras, estas escritas y no bulliciosas, como las de las personas que me visitan, y no es que no las aprecie, pero las tuyas emanan dulzura, confort, esperanza, con ellas me duermo y con ellas despertaré, cuando la enfermera vuelva mañana a entrar y realizar su tarea de las curas diarias y seguro que me hallará felizmente abrazada a tu carta.

Recordar nuestra niñez, nuestros juegos al escondite, corridas por el patio a la búsqueda del compañero escondido, ¡qué bonito! Sobre todo, poder volver a revivirlo.

Son en estos momentos en que te encuentras bien atendido, pero separado de tu vida cotidiana, de las personas que comparten tu rutina, trabajo, familia, amigos etc... Es como un impase como un lapsus de tiempo aislado en donde surgen recuerdos de infancia, recuerdos también en que eras tú quien visitaba a algún amigo o pariente hospitalizado, quizás me haya excedido en mis manifestaciones afectivas no teniendo en cuenta que el enfermo necesita tranquilidad y reposo, sí, es verdad, solemos mesurar las cosas según nuestro estado anímico sin tener en cuenta que la persona está hospitalizada, por su enfermedad, disminuido de recursos y una visita breve es muy de agradecer, no hace falta quedarnos horas a su cabecera para cansarlo, una retirada a tiempo demuestra que nuestra sensibilidad es la adecuada y de seguro que el enfermo lo agradecerá profundamente en su fuero interno.

# Trochas convivenciales

Amor, esta tarde has hablado de forma tan contundente y precisa que he sentido, de repente, un escalofrío: "Las mujeres envejecéis más pronto que los hombres porque sois unas descuidadas, porque no prestáis atención a las cosas ni a vosotras mismas". No es cierto mi amor. Lo que pasa es que la vida de la mujer es una continua y constante renuncia: renuncia de sí misma para que vosotros, los hombres reluzcáis, para que ninguna de vuestras cualidades, incluso, las más pequeñas queden disminuidas.

¿Sabes cariño, la cantidad de ternura, dulzura y amor que una mujer es capaz de generar? De amor, ¡sabemos tanto! Porque amamos y respetamos al padre, amamantamos y protegemos al hijo. Porque velamos vuestro sueño, cuidamos vuestra hacienda, enlucimos vuestro prestigio, arropamos vuestro cansancio y perdonamos vuestros caprichos. ¡Si amor, os queremos tanto!, ¡tenemos tanto amor!

Sé que a veces frunces el ceño porque piensas que la mujer ejerce una influencia que suele llamarse "la fuerza de la debilidad" haciendo de nuestra desventaja un ejercicio despótico para dominar al hombre y dominar todo el entorno. No niego que tal situación exista, pero es algo que ocurre tanto en mujeres como con hombres. El débil, el oprimido, tanto hombre como mujer, desarrolla unos mecanismos de autodefensa que traspasados ciertos límites, causan el efecto contrario al deseado: se vuelven opresores.

Por todo lo expuesto, amor, te invito a buscar el equilibrio entre los dos y entre todos, donde los valores morales de igualdad y de respeto sean la primera premisa a cumplir mutuamente y si flaqueamos y no podemos alcanzarla, recurramos a la solidaridad con el fin de contrarrestar esa crueldad con que jalonamos nuestro cotidiano vivir. Hemos de crear cada día una convivencia armónica, rica, respetuosa, como si ese día fuera el primero, el más luminoso y que encerrase todas las bienaventuranzas y todas las promesas magnificas que siempre soñamos vivir y que poco a poco se fueron frustrando sin casi darnos cuenta. La rutina nos absorbió.

Sepamos armonizar nuestras personalidades con los derechos y deberes que nos son propios y gocemos mutuamente del amor que sepamos generar. ¡Nos hace tanta falta!

# 3. ideas y opiniones

Este libro está compuesto por aquellos hechos y acontecimientos que van formando nuestra vida. En cada una de sus narraciones encontraréis algún que otro mensaje, que tú lector/a tendrás la oportunidad de advertir. Otra sección incluye pensamientos u opiniones sobre el acontecer en el rubro público, lo cual refleja su posición política, su concepto de mundo.

## Anarquismo, ignorado, pero no letal

Llega a mis manos un texto de D. Alfredo Vera que me ha sorprendido bastante, tanto por su contenido, como por la forma con que este señor califica de "Anarquismo letal" a las manifestaciones de los jóvenes contra diversos motivos, sin tener en cuenta que a la juventud, no le queda mucho margen para poder hacer sentir su descontento ante tanta represión, abusos políticos y miseria moral con la que tienen que vivir, aquí en España o en cualquier parte del mundo.

Nos dice el autor: "¿Por qué protestan esos anarquistas? No importa. No pregunte, porque no hay respuesta". Se equivoca de medio a medio, señor Vera. La juventud tiene mucho de qué protestar. Si observamos cualquier país americano donde la riqueza natural aún es notoria, los regímenes populistas someten a sus pueblos a una miseria constante, con una deficiente sanidad, sin seguro ante accidentes o enfermedades, con sometimiento a las mujeres y demás injusticias, mientras los políticos y los poderes fácticos disfrutan de las riquezas, y la mayor de las veces, impiden que un orden racional de los recursos llegara para que toda persona viviera decentemente. En otro de sus párrafos apunta: "No hay nada de qué hablar ni nada que rebatir: el anarquismo letal, carente de ideología, no discute solo actúa." En esto se vuelve a equivocar, porque el anarquismo sí tiene ideología, es en sí una ideología, un método económico, una ética y una forma de organizar la sociedad para que justamente el ser humano pueda vivir digna y libremente.

Dice también: "Por eso es que emerge vigorosamente la necesidad de la revolución" ¿Qué tipo de revolución? Menciona mezclando todo, a lo de Cristina en Argentina, también al modo de Cuba, Venezuela y demás países sudamericanos, aunque resulta difícil encontrar analogías entre unos países y otros. Este pretendido argumento de querer hacernos creer que América del sur está despertando hacia un progreso a través de unas supuestas revoluciones, es una enorme falacia que no se sostiene en absoluto, pues en esos países no existe nada de común entre ellos más que un populismo ya demasiado rancio. Bien es verdad que los pueblos, a parte de sus políticos, en general, no dejan de luchar por su dignidad, por la libertad, por un mundo mejor para sí mismos y para todos. Así se da en colectivos diversos, aparte de todo tipo de construcción política o religiosa. Le podríamos citar a un pueblo, como ejemplo, que pretendió hacer una revolución: Irán, convertido ahora en un peligro inconmensurable y su pueblo masacrado por los líderes religiosos.

Apunta a la revolución, pero no dice cuál. ¿Se refiere a la comunista? Pues le diría: ¿Dictaduras? No, gracias, ni esa ni la económica, ni la religiosa ni cualquier otra, puesto que un cuerpo de pensamiento que se quiera imponer, por hermoso y racional que sea, se vuelve una dictadura y se vuelve nefasto para el ser humano en general. Haciendo referencia brevemente solo a hechos históricos acontecidos en Europa, le diré que Rusia padeció una feroz dictadura durante casi setenta años donde los asesinatos se cuentan por millones. El 23 de agosto de 1939 se firmó el pacto germano-soviético (bolcheviques y nazis) unos invadieron el norte de Europa los otros el sur. Los tanques alemanes circulaban con petróleo ruso y los soldados alemanes se alimentaban con el trigo de la patria de Stalin, que no tuvo ningún escrúpulo en mandar a Ramón Mercader a asesinar en México a su rival Trotsky, esto, como digo, solo como una modesta referencia.

Lamentable resulta que solo se pueda protestar echando piedras, porque a la postre de poco sirve, pero decir que el anarquismo carece de ideología es demostrar una ignorancia verdaderamente alarmante. El anarquismo organiza a la sociedad de forma horizontal, no vertical, en donde el valor de la sociedad son los valores de las personas que la componen, donde reina la más auténtica democracia por eso de que "mis derechos terminan donde empiezan los tuyos" Las personas que lo componen son iguales en derechos y en deberes, los medios de producción son administrados por los que los generan, no hay ni "jefes" ni "salva patrias", gente responsable y respetuosa con los demás y con el medio ambiente. Ya sé "eso es utópico", pero no hay que olvidar que lo que hoy es una verdad palpable, ayer fue utopía y si se argumenta que el camino es la cultura, la formación y la creación de conciencias libres y profundas, estaremos esbozando una verdadera revolución, la Revolución anarquista, que por supuesto no se dedica a protestar echando piedras.

## Convivencia

Crear conciencia ¿De qué? se dirán muchos, del bien y del mal, se suele responder; dos conceptos inequívocos, pero ¿qué es el bien y qué el mal? Seguro que podemos encontrar infinidad de personas, que lo que unas consideran buenas, para otras no lo son y viceversa, pues eso, lo bueno no es forzosamente el bien. Si agrupamos los conceptos, tenemos que lo bueno es lo que me gusta, lo que me da placer y satisfacción y lo que me causa dolor y frustración es lo malo. Adentrándonos en el tema la cosa no está tan clara, porque si analizamos el sadomasoquismo, vemos como el marqués de Sade, nos dice sentir placer a través del dolor ¿o era ya la sinrazón y la locura?

Han pasado muchos años y nos preguntamos si al día de hoy cuando ya gozamos de una plena "democracia", (queda entre comillas, expresando duda), hemos avanzado cultural y técnicamente, si todos estos avances han mejorado nuestra existencia, nuestra vida cotidiana. Aquella noticia de "la ballena azul" que pienso que las autoridades habrán mediado ante tamaña aberración y hoy nos volvemos a sorprender al ver a unos muchachos que se echan cubos de agua hirviendo ¿cómo es esa gente? En realidad, esa juventud ¿es el caldo de cultivo para crear fanáticos de toda grey? Los acontecimientos ocurridos en Barcelona últimamente, nos hacen abrigar una gran preocupación y por supuesto desencanto, ahora no hacen más que acusarse mutuamente los dos gobiernos y nadie responde a las preguntas que creo importantes de quién finanza a los terroristas, cómo se forman para llegar a estos extremos. Supongo que los padres llevaran a las mezquitas a sus hijos y escucharan igualmente los discursos radicales y ¿no interfieren cara al orador?

Una democracia responderá siempre a los tres conceptos que ya la revolución francesa puso en marcha: Liberté, empezando la tuya al término de la mía, Fraternité, "autant que possible" como dicen los franceses a lo que yo añadiría, y Egalité, con el máximo respeto a las diferencias que nos asisten y que tenemos que respetar con gran voluntad. La convivencia es un gran valor que nos incumbe a todos.

# La lucha femenina en tiempos bélicos y represivos

No resulta fácil, después de tanto tiempo transcurrido, encontrar testimonios de la lucha de la mujer en tiempos de guerra y en los primeros de la posguerra.

Aunque nos parezca extraño, uno de los conceptos que parece que asumió el mundo femenino, después de la guerra y antes de la Transición fue el silencio, el silencio sí, y la sumisión en una época tan dura, de lo más difícil, quizás, porque era algo habitual en ella someterse al autoritarismo en que estaba estructurada la sociedad en general, en aquel tiempo; aunque hoy no es fácil afirmar que las cosas hayan cambiado tanto, viendo y oyendo las continuas noticias de asesinatos y malos tratos de los que es víctima la mujer. Nos preguntamos de qué ha servido estos treinta años de Democracia que no ha sido capaz de lograr una igualdad de género sin odio ni rivalidades.

El aire aperturista que trajo la II República, fue más aparente que real. Podríamos decir que desde siempre la mujer había estado sometida al hombre, tanto en la estructura social como familiar.

En una sociedad estrechamente jerarquizada, a la mujer le correspondía el último eslabón de la estructura social. Y no obstante, en este país siempre hemos contado con estupendas mujeres que se han manifestado en todas los aspectos sociales; hemos tenido a mujeres sabias como Teresa de Jesús, Emilia Pardo Bazán, Rosalía de Castro, la médico Aurora Boch, Federica Montseny, Mariana Pineda, Agustina de Aragón, Victoria Kent, Sara Berenguer, Lucía Sanchez Saornil, Libertad Ródenas, Mercedes Comaposada, Soledad Estorach, Emma Goldman; todos ellas de diversas ideologías, de niveles culturales y ambientales diferentes, ya desaparecidas, aunque todavía podemos contar con algunas como Gracia Ventura, testimonios directos de cuanto mencionamos. Muchas que, en una u otra gama del saber, han demostrado que con sus cualidades, inteligencia y bien hacer nada tenía que envidar al género masculino.

También ha existido una pléyade de mujeres anónimas, una serie de heroínas que sin la menor intención de lucir en ningún aspecto, han vivido la vida con arrojo, honestidad y entrega y han sido el sostén de su familiares, el apoyo de hijos y nietos y han dado lo mejor de sí mismas por un mundo más libre y más justo.

Dice el escritor Manuel Vicent en una de sus columnas del periódico *El País*, titulado "Abismo", en un mes de noviembre ya pasado que, "La cara oculta de la sabiduría la constituyen todos los manuscritos de la antigüedad que se han perdido, los cuentos que fueron narrados de viva voz (...) junto con las canciones que también se disolvieron en el aire..." Y yo, al igual que este magnífico escritor, también pienso que toda esa sabiduría es la que han recibido los y las desheredadas como un gran saber popular que ha ido alimentando nuestro espíritu, nuestros corazones.

Intento a través de este texto introducirme, en tanto que posible, en la piel de esas mujeres anónimas, esas "madre coraje" a las que la humanidad tanto les debe.

Durante la guerra civil muchos puestos de trabajo quedaron vacantes porque los hombres tomaron las armas para defender a la República contra el Ejército sublevado contra esa República, y ese pueblo. Mujeres que ocuparon sitios de responsabilidad tanto en la fabricación de armamento como de suplementos alimenticios y de vestimenta y de todos los aspectos de la producción Talleres, fábricas y también el campo absorbieron a toda la mano de obra femenina disponible. Además, los niños tenían que ser atendidos, los enfermos y los ancianos se tenían que cuidar y así, con el concurso de la mujer, la sociedad continuó su penoso y duro camino.

En Alcoy ha existido un cuartel militar desde los hechos llamados del "Petroli", durante la I República en 1873, hasta hace unos pocos años, en que se ha convertido en un centro comercial. Muchos mozos hicieron la "mili" en sus dependencias. El 18 de julio de 1936, el cuartel se encontraba cerrado a cal y canto. Dentro, los soldados esperando órdenes para salir a reprimir al pueblo, afuera los obreros y el pueblo en general los esperaban con las pocas armas que tenían. Lo más dramático: que los apostados delante de la puerta del cuartel eran los padres de los jóvenes soldados que iban a salir. ¡Qué decir, qué contar del estado anímico de unos y de otros!, ¡qué pensar del dolor de las mujeres, madres y esposas!

El sentido común y las hábiles negociaciones hicieron que las puertas no se abriesen, que ningún soldado saliera por ellas y después de unos angustiosos días, el cuartel quedó del lado de la República. De inmediato se formaron las milicias que partieron al frente y es cuando las mujeres tomaron un mayor protagonismo. Muchas de ellas, por no decir la mayoría se entregaban a tan difícil tarea sin tener ninguna conciencia ni política ni social, simplemente eran las circunstancias las que las empujaban a tal actitud solidaria.

Alcoy sufrió siete bombardeos durante la guerra civil. El primero (1), fue el martes 20 de septiembre de 1938. Tres "savoias" comandadas por el teniente coronel italiano Gennaro Gordiano (2), bombardearon Alcoy, cayendo sobre la fábrica de cerillas "La Mistera"·(3) y alrededores, su objetivo eran las fábricas de armamento, que por cierto no alcanzaron... cuando regresé a la destrozada fábrica, minutos más tarde, fue el de Libertad Bonhome el primero de los cadáveres que vi... El definitivo balance de víctimas, en este primer bombardeo de la ciudad, fue, en la fábrica de cerillas, es de ocho obreras muertas y alrededor de treinta heridos de diversa gravedad", algunos murieron a su llegada al hospital o días después

Estos bombardeos cogieron por sorpresa a toda la población, el espanto y el miedo se apoderó de ella y muchas familias que pudieron, emigraron a los pueblos de los alrededores a casa de familiares o conocidos.

Muchas otras tuvieron que quedarse y seguir con su angustia. Entre muchas de las situaciones desesperadas era frecuente ver correr hacia el hospital a una madre avisada de que su hijo había sido herido. Angustia y desesperación hasta comprobar el alcance de sus heridas.

Infinitas serían las historias de gente sencilla, sobre todo mujeres, que calladamente iban soportando los sinsabores de un país en guerra.

Nos gustaría adentrarnos en el mundo de esas mujeres tanto como en el de los hombres, pero escogemos, en primacía, el de ellas, porque creyéndose menos vulnerables, pensaban que el enemigo las tomaría menos en cuenta, entonces se atrevían a más, iban allí donde sus maridos no se atrevían, pasaban más desapercibidas y llegaban más lejos. No porque estuvieran movidas por una idea política, sino, porque comprendían que un familiar suyo estaba en peligro.

Toneta iba corriendo a la sede del sindicato porque le habían dicho que eso de tener una monja en casa no estaba bien visto y ya no se acordaba de qué descerebrado le había insinuado no sé qué de un "paseíto". Cuando le espetó al secretario del sindicato que tendrían que pasar sobre su cadáver antes de que arrestasen a su cuñada, sea monja o no, nos podemos hacer una idea del coraje que puso en su empeño. "No molestes Toneta, nadie va a hacerle nada a tu cuñada, ¿no sabes que estamos en guerra? ¡Tenemos cosas más importantes de que ocuparnos!" y la descarga de toda angustia, cuando el secretario le respondió con estas palabras.

Cuando la vieja mujer recibe en su casa un comando falangista para interrogarla sobre el paradero de su hijo, la vieja sorda chilla y repite las mismas palabras que el interrogador, éste asqueado del aspecto miserable de la mujer retrocede. Más y más interrogatorios, más y más respuesta chillonas de la vieja, "¡mi hijo, mi hijo! ¿Dónde está mi hijo?, busque a mi hijo". El engomado falangista ante el infructuoso resultado desiste, la vieja sorda no entiende ni se viene a razones, además es molesta y repugnante y deciden irse, y no obstante, sabe la vieja que el hijo anda por los montes, que a veces viene a verla, que recoge comida y ropas para correr por el monte con los maquis ya que él es uno más. Nuestra Toneta vive su angustia, mientras las tropas rebeldes le han asesinado a su yerno el mismo 18 de julio en Barcelona, da cobijo a su cuñada que ha dejado el convento y se ha refugiado en casa de su hermano. Triste consecuencia de un país que se deshacía con una guerra fratricida.

Y así día a día hasta el final y llegarle la noticia de que su hijo estaba preso en Teruel desde antes de terminada la guerra que había querido escribir a la familia pero que no había podido, la tinta estaba congelada, algo común en la gélida Teruel, en el alto Aragón.

Los presos concentrados en diversos campos de concentración (Albatera, Teruel, y muchos otros lugares) necesitaban una carta de recomendación de su lugares de origen. Ese documento podía salvarlos o condenarlos dependiendo de lo que pudiera estar escrito en ellos. Así la palabra "sujeto", en un texto correcto y benevolente era la condena a muerte, pues se trataba de una palabra de contraseña. De tal forma, los mismos familiares podían mandar al patíbulo al familiar que querían salvar. Y es todavía la madre la que se presenta en la sede de Falange y le ruega al falangista que rectifique la palabra nefasta. Le recuerda al mismo tiempo, que esta familia hizo lo posible para que en tiempos de la guerra de Marruecos, tuviera la protección debida, quedando al lado de la monja, tía del hombre que deseaba condenar, como enfermero evitándole estar en primera fila del frente de guerra.

Hombres que por un detalle o una fútil circunstancia, podían ser fusilados o alcanzar la libertad. Trabajar, donde se podía, cuidar a los niños y a los ancianos, emprender el camino de la prisión llevando lo poco que se había recogido, que era todo a lo que habían renunciado, para dejar un paquete de comida al preso, sin saber si le llegaría, si lo verían.

El campo de Albatera, se cerró pocos meses después de terminada la guerra, en sus salazares los hombres eran desparasitados, la gente del pueblo les vendía alfalfa para comer contra el reloj u otros bienes, que no había sido sustraído con anterioridad Queda todavía en pie el horno donde eran quemados los cadáveres de los fusilados Algunos campesinos nos comentaban que al labrar la tierra encontraban huesos humanos semi-calcinados. Aquellas tierras salobres fueron entregadas a campesinos llegados de Andalucía que como nuevos colonos, se dedicaron al cultivo de granados mayormente.

La imágenes cotidianas en las plazas de los pueblos, en donde se centraban los hombres por ver si eran señalados para ir al trabajo, era condición indispensable haber ido a misa cada día, si el cura apuntaba a alguien, como no asistente al ritual religioso, no sería escogido para trabajar y en casa quedaban la madre y los hijos dependiendo del trabajo de ese hombre.

En las tabernas, los que podían, fumaban y bebían, hablaban llenos de vanidad, no trabajaban, o poco, estaban con el nuevo orden que imperaba, imponían la coacción con aire de benevolencia. Cuando entraba un campesino hambriento diciendo "es que no puedo comer", se le respondía con un "¿cómo, que no puedes comer?, hombre pues lo tomas bebido o con pajita", el hombre se quejaba, porque trabajando de sol a sol no le llegaba para comer. El que respondía con sarcasmo, hacía alusión a alguna dificultad dental, para más escarnio.

Muchas mujeres jóvenes y hermosas vieron apagarse su esplendor tanto por la falta de alimento como por tener que pasar por situaciones ignominiosas para poder dar de comer a sus hijos. Algunas llevaron al seno de su cuerpo el microbio de una enfermedad contagiada en desesperados encuentros clandestinos.

Ir al trabajo a las cinco de la mañana y encontrarse a la "guardia civil" era ponerse a temblar, saludar cortésmente esperando que nada pasaría y recibir un par de bofetones "¿Pero quién se creen que son ustedes para molestar a las autoridades?". Llegar a la fábrica con la cara hinchada exponer lo ocurrido y contagiar del miedo a los demás. A la mañana siguiente mismo encuentro y bajando la cabeza no saludar y recibir más bofetones, "Pero ¿qué se han creído ustedes? ¿Cómo es que no saludan a las autoridades?" Dos bofetones más, alboroto y desesperación entre los trabajadores no sabiendo qué hacer, tampoco era necesario que se preocupasen, se trababa de una medida represiva de terror para descomponer psicológicamente a los trabajadores, así que se realizaría en tanto las "autoridades lo juzgasen necesario.

Y así sería, interminables situaciones de miedo que se fueron creando para tener al pueblo siempre atemorizado. Que nadie tuviera ni la más nimia esperanza de escapar a la represión tanto física como moral y psicológica.

## Libertad

¿Libertad? ¡No me la interpreten mal, no me la confundan!

¡Libertad! ¡Oh, libertad! ¡Qué hermosa palabra!

Estoy segura que nadie, absolutamente nadie, tiene el mismo concepto ni le da el mismo valor a esta hermosa palabra.

Yo me la imagino vestida de blanco, de azul, de verde, envuelta de rojo, pero nunca de negro.

Blanco por su pureza, la Libertad la tiene, de azul porque vaga a través del ancho cielo a la busca del todo y de todos, pues a todo el mundo incumbe.

De verde porque siempre es y será Esperanza, porque la Esperanza vistió a la Libertad, y de rojo porque en sí encierra el empuje de la lucha ante la injusticia, porque la Libertad es ¡tantas cosas!

Es el compás de mi aliento, la mesura de mis actos, el mar donde nadan mis ilusiones. Cuando el sociólogo anarquista Proudhon apunto a que "mi libertad termina donde empieza la tuya", ordenó el pensamiento, no en la Libertad individual sino, en la colectiva, en la prolongación universal de un valor común a todos. Porque todos la ansiamos.

Junto a sus hermanas Igualdad y Fraternidad, Libertad se vistió de futuro con fuerza y junto a ellas llevaron al pueblo francés a una revolución que cambió como no había conocido nunca, la humanidad. ¿Y los desmanes? Esos no son libertad.

Y la señora Libertad, tanto vestida de azul, de rojo o de verde fue sembrando de ilusiones, de derechos, de justicia por donde puso y pone su asiento y nadie, ni nada se le resiste. Es como agua para el sediento, apoyo para el abatido y una tabla de salvación para el náufrago social.

No hay libertad sin conciencia, sin derechos y responsabilidades, y nunca, viaja sola. Lo hace acompañada de lo justo, lo noble, lo profundo.

Es más importante que la esencia de un perfume, más profunda que las aguas del océano, más grandiosa que el universo ya que nos es tan necesaria como el oxígeno que respiramos y donde carece, todo se desvanece y perece sin remisión.

Es el agua del sediento, la luz del nuevo amanecer, el futuro en esencia y la paz de mi espíritu. Alimenta armónicamente la convivencia.

Hace frente a la opresión, al autoritarismo y lleva en sí el equilibrio del valor más importante que rige nuestra existencia, tanto individual como colectivamente.

¿Pero oiga y el libertinaje? ¿Qué me dice del libertinaje?

¡Perdón, lo siento, a ese señor, yo, no lo conozco!

## Lo he sentido a través de la ventana

He entrado lentamente en el edificio observando el pequeño parque y su jardín alrededor. Me convencí que los residentes pasarán largos ratos paseando y disfrutando del sol y de las plantas. Así se lo he hecho notar a mi amiga después, cuando volvía a ver aquel lugar a través de la ventana de su habitación. Su negativa a mirar, a no querer ver ni el parque, ni el jardín ni la calle, me han hecho mucho pensar.

El edificio es moderno bien cuidado y asistido por personal docente y competente. Es mi impresión, quizás equivocada, quizás no. Mirar el paisaje es una cosa, observar el paisanaje muy otra.

Es, como se dice ahora eufemísticamente, un "centro de acogida para la tercera edad". Las habitaciones limpias, ordenadas, con asistencia médica, cuidados paliativos, etc. En fin, cuanto se pueda desear para las personas mayores, en una sociedad lúdica, consumista y superficial que unos gozan y muchos padecen. Pero, ¿qué más se puede pedir? ¿Qué más se puede hacer para las personas ancianas con el fin de que puedan acabar sus días lo más dignamente posible?

Nada más y nada menos que lo más importante "La Libertad, la creatividad, la sociabilidad" que ya no tienen o que siente que han perdido o les han arrebatado.

Tal vez sea cuestión de adaptabilidad, o quizás de cariño o, ¡qué sé yo!, hay algo en el ambiente que deprime. Ese hombre que grita desgarradamente porque no ha venido hoy un familiar a verlo, o quizás sí vino, pero que ya no se acuerda. Esa anciana con las piernas llenas de llagas que la traen a su habitación después de las curas y no sabe muy bien en que puerta entrar. Aquel hombre de fuerte personalidad que no soporta tener que usar una silla de ruedas empujada por una asistenta cansada de una dura jornada, a la que increpa porque le duele tanto el cuerpo como el orgullo y el alma.

Y así cada persona con todo su bagaje de enfermedades, minusvalías, desencantos y ansiedades. Y como angustia más demoledora, la soledad.

100

Este es el sentimiento más común a todos los residentes. No se sienten queridos, sino, ya como un objeto inservible, se ven arrinconados, enfermos, abandonados. Aunque muchas veces no es verdad. La juventud tiene que trabajar, vivir su vida y hacer frente a sus problemas. La vejez a los suyos. La primera, observa el porvenir como una extensión inmensa que abocará en la vejez, si se vive lo suficiente, pero queda lejana. La gente mayor la vive y la sufre al día a día. Renunciar a lo que se ha sido, a lo que se ha podido hacer, es muy duro, y aceptar la dura realidad del hoy, mucho más, por mucha ayuda que se pueda tener.

A pesar de exhalar un suspiro de desencanto mi amiga, hoy postrada en una silla de ruedas, no ha perdido la firmeza de su mirada, y la blancura de sus cabellos que tanto la ennoblecen.

Ya sus manos no podrán dibujar aquellos hermosos cuadros, un ligero temblor se lo impide. Es el corazón que sufre y la artista que se rebela. Por eso no quiere mirar a través de la ventana ese hermoso parque, ni tampoco la calle por la que no puede deambular.

A Alcoy, tan nutrido desde siempre de buenos artistas, llegó una pintora andaluza, una excelente dibujante, una creadora nata. Llamó a un grupo de mujeres inquietas para participar en su revista y pocas se negaron a colaborar en su obra. Así tanto en poesía como en prosa y con sus hermosos dibujos, sus libros y sus revistas son el exponente máximo de una indómita mujer. Incansable empuja a la gente a crear y sacar desde lo más hondo esa parte artística que cada uno/a llevamos dentro, porque crear es amar y amar es vivir.

Rosa Lluc, su amiga nos lo hace sentir a través de un libro de poemas precioso que ha publicado empujado por la incansable tarea de esta noble mujer que es Rodovi.

Cuando salimos por el pasillo me vuelvo a observar a esta maravillosa mujer que crea tanto como se rebela y creo ver una lágrima que asoma a sus ojos negros, esos ojos de artista que no quieren mirar por la ventana porque llevan más arte dentro del que pueden ver fuera. Le he prometido volver.

## Me molan los maniquíes

Los maniquíes, tiempo ha, cuando aún no existían los Centros Comerciales, muchas de las modistas, sobre todo, las que tenían cierto "caché" poseían un maniquí. Eran personas muy respetadas y, el maniquí lo utilizaban para las clientas con cierto relieve con el propósito de ahorrarles hacer menos viajes para probarles el modelo que habían seleccionado. Hasta aquí todo perfecto.

Transcurrido cierto tiempo, fueron extinguiéndose las modistas y surgieron los modistos, "los creadores". Ellos son los que han cogido el relevo a las modistas que ahora son jornaleras, es decir, las que realizan el trabajo sin ser vistas. Más claro, las invisibles, están en la trastienda, aguja en ristre y trabajo a destajo.

Los modistos son una especie de voyeurs, son muy "famosos", como las estrellas de cine, vamos. De manera que los maniquíes son sustituidos per gráciles y exuberantes mujeres jóvenes, guapas, curvas, pechos duros, potentes, mucho "glamour"... pero, a mí, lo que me apasiona de las maniquíes, no sé cómo decirlo: Son como ingrávidas esculturas, figuras fijas, tienen un no sé qué de misterio... No hablan y resuelven todo, si les pinchan con las agujas para hilvanar cualquier parte de la prenda que están creando, no se quejan, no se mueven, no incordian.

Hacer costura sobre los estáticos maniquíes intuyo debe ser un frenesí, con ganas les ponen, les quitan, les ajustan el talle, cortan, pegan. Certifico que debe ser un placer trabajar con las maniquíes. Yo adoro el trabajo sobre el maniquí y me recuerdan a algunos cuadros de Picasso, Chagall o Matisse que han utilizado cuerpos de mujeres con cierto aire de figura-maniquí.

102

Refinando, ajustándome más al lenguaje de mo-dis-ta, hago constar que los maniquíes son mi debilidad ya que creo que son un objeto artístico e irrepetible. Y doy fe, en acabar este escrito, me voy a comprar un maniquí.

## Nacionalismo e internacionalismo

Para una niña que nació durante el franquismo el derecho a su propia lengua, a sus costumbres y a su historia estaba prohibido. En el colegio te hacían sentir que una nota de distinción era hablar castellano e imitar los gestos, las palabras "bien sonantes" de lo que te decían que era correcto o no. Pero nunca dejaron de hacerte sentir tu condición, o sea hija de trabajadores y una legítima "muerta de hambre", si por un pequeño asomo se te ocurría exhalar un "y ¿esto por qué? Se te respondía tajante: "Una señorita bien no debe hacer tales preguntas". El castellano, el dogma católico, el sistema fascista, era lo único a lo que podías aspirar, rebelarte podía acarrearte serios problemas.

En un principio de mi llegada a Francia creí ingenuamente en la *fraternité*, *liberté*, égalité, tal y como reza su consigna. Cinco años de convivencia, de estudio de la cultura gala que no en vano fue el faro de progreso y de los derechos humanos, no bastaron para ser reconocidos mis derechos, que yo creo universales.

Y es, ya de vuelta a mis lares cuando empiezo a preocuparme en lo que son los nacionalismos, porque en mi fuero interno yo respondo a la consigna de "Mi patria es el mundo y mi familia la humanidad" o sea mi profundo sentir internacionalista.

Lo más chocante fue encontrarme, ya en el proceso de la Transición, muerto el dictador, que el movimiento comunista fuese "nacionalista"; se iba a la búsqueda de la identidad de nuestro pueblo, que había sido tan masacrado. De ahí vinieron y se acentuaron las diversas nacionalidades por regionales, de antiguos reinos. Así tenemos la comunidad Gallega, la Catalana, la Valenciana etc. A mí me chocó mucho que los comunistas, que siempre fueran internacionalistas, fuesen los más empeñados en defender lo nacional, lo casero.

En un principio los nacionalistas eran las personas de "derechas", los que tenían a la postre que defender unos privilegios, unas posiciones de identidad con lo "correctamente usado", lenguaje, protocolo de relaciones, convivencias culturales etc. Pero que los comunistas se levan-

104

taran como defensores de lo nacional resultaba chocante. Bien es verdad que existe una diferencia notoria y es que la gestión de defensa de los comunistas se ceñía solamente a la lengua y a la identidad y el talante en su práctica es democrático. Como siempre suelen haber profundos motivos que dan o explican diferentes causas, y es de suponer que de igual que los comunistas italianos que se inventaron aquello que llamaron "el eurocomunismo", es de suponer que intentaron contrarrestar la barbarie de Stalin eliminando familias y pueblos enteros y desplazando a los sobrevivientes a Siberia. No obstante yo sigo guardando un cierto temor en mi fuero interno. Poco antes de empezar la enorme crisis que estamos atravesando se empezaban a sentir conceptos xenófobos en relación a una u otra nacionalidad. La apariencia física, color del pelo, hábitos, comportamientos. Cada uno viviendo en departamentos estanco. Aquí el colegio tiene un papel fundamental en la integración de las diversidades que ya pueblan este país.

Llegamos incluso a oír, que los extranjeros "viene a robarnos el trabajo". Esto que se suele decir de forma demagógica y como es natural emprendo un debate para hacer comprender, que, un trabajador es una riqueza para el país receptor y una pérdida para el país que lo pierde, que cada trabajador solo recibe el 10% de la riqueza que ha ayudado a generar, aunque una parte de lo que gana lo manden a su país y que a fin de cuentas, es una manera como otra de ir equilibrando las injusticias que hemos realizado en doscientos años de espolio a los países colonizados. Hoy ya estas voces se han acallado porque gran número de nuestros jóvenes toman la ruta hacia el extranjero a la búsqueda de trabajo y mejores perspectivas, volvemos a ser los emigrantes de siempre

En cuando a los nacionalismos hispanos, todo lo que vaya más allá de la búsqueda de propias raíces, nos llevará hacía unas posiciones de intransigencia que solo nos puede abocar a una catástrofe de consecuencias imprevisibles...

Así que dejemos a los nacionalismos en el área de la identidad e intentemos crear con el internacionalismo y sus valores una fraternidad que nos llegue a todo.

# Siete días en Israel

No es fácil escribir una crónica sobre Israel ya que lo más frecuente es caer en los tópicos que, en forma de bombardeo, nos llueven a diario a través de los medios de comunicación en nuestras aturdidas y atiborradas cabezas. Y junto a ello, la ineludible obligación de hablar del islam.

No es esta mi intención ya que multitud de politólogos y periodistas ya abordan esta función con sobrados recursos y facultades mejores que las mías propias.

Por lo tanto mi opinión será la crónica de una persona interesada por saber qué hay detrás de tanta información interesada, cómo son los habitantes de unas tierras que todos conocen como "Tierra Santa".

Pasé varias horas en el aeropuerto de Estambul esperando el avión que me depositaria casi tres horas después en Tel-Aviv. Me dispuse a leer, hacer crucigramas, pero me fue imposible, nunca en mi vida he podido ver un desfile de personas de todas partes del mundo tan completo, variado y multicolor; era como ver la tele, pero en directo. Un musulmán con su cohorte de hijos y esposa, parejas él con barba y ella cubierta completamente de negro solo visible sus ojos, incluso sus manos dentro de guantes negros también contrastaban con gentes eslavas vestidas informalmente, japoneses con su multitud de cámaras fotográficas, exuberantes turbantes femeninos cubiertos con pañuelos de países musulmanes asiáticos. Hasta tuve la ocasión de asistir al rezo de una mujer musulmana, la cual, instalada en un rincón sobre una pequeña alfombra, juntaba las manos arrodillada y colocando, de cuando en cuando, su cabeza entre sus manos apoyando éstas sobre el suelo. ¡Qué abigarrado panorama, qué espectáculo tan diverso y que privilegio poder ver en vivo y en directo todo aquello!

Y de repente aterrizo en Tel-Aviv, vienen a buscarme mi hijo y nuestro amigo en común, Josef. Mi impresión es que estoy en un país moderno, iluminación impresionante, perfectos trazados urbanos, veo jardines, edificios enormes, modernos, en donde no faltan las placas solares y terrazas-balcones en cada uno de los pisos, es una característica de todas las edificaciones, siendo lo mismo en cuantas ciudades he visitado entre ellas la hermosa ciudad de Haifa hacía el norte, así como el pequeño pueblo de Zikhron Yaakov donde se producía vino por colectivos judíos ya en 1882 y donde se quitó la vida la hermosa Sara. Y así fueron llegando historias del pueblo hebrero, antiguas y modernas, todas ellas interesantes.

No es de extrañar la impresión que puede causar en las personas la ciudad de Jerusalén, con su mezquita, el muro de las lamentaciones, el Santo Sepulcro, la torre de David. El crisol de las antiguas religiones conviven juntas aunque no revueltas, las fronteras personales se acentúan, las miradas curiosas se disparan, pero todos se respetan. Cristianos ortodoxos venidos de los países del Este, en forma de bandadas, lo invaden todo, los árabes en el zoco se ocupan de sus negocios de venta de "souvenirs". Los viandantes se cruzan, se observan, casi todos van a rezar, cada cual a su dios. Miro a unos y a otros, mi curiosidad choca entre lo que veo y lo que siempre he supuesto, creo que necesitaré un tiempo para evaluar debidamente tanta maravilla, tanta historia concentrada. No hay un prototipo judío, llegados de todas las partes del mundo, incluida Etiopía, descendientes de la reina de Saba esposa de Salomón. Son un abigarrado conjunto de gentes cívicas y educadas. Si no fuera por el calor, hasta 47 grados diría que estamos en cualquier ciudad de Europa.

Presenté mi libro *Retazos de la posguerra 1939-1953* al grupo de castellano-hablantes atendiendo su amable invitación. Vi rostros atentos, curiosos que, por la edad estaban al corriente de la historia del pueblo español, pero esta vez alguien venida de tan lejos y al hacerlo personalmente infería un matiz peculiar. Contesté a cuantas preguntas se me hicieron y quizás me excedí con matices, pero creo que fueron necesarios en todo discurso que se pretende lo más justo posible. Fluía interés, sensibilidad, dulzura características de personas que sufren y luchan por mejorar su existencia y la de los demás. El país estaba de fiesta, se celebraba el Rosh Hashana, principio del año judío, nada más ni nada menos que el 5773.

Resultó notorio el día que dedicamos al Mar Muerto. Emplazado al sur-este de Israel y haciendo frontera con Jordania es la concentración de agua con los elementos químicos más abundantes que lo hacen único en el mundo. Situado a 400 metros más bajo del nivel del mar, este lugar recibe cantidad de personas que vienen a curarse enfermedades de la piel (hongos, escoriases) etc. No hay manera de poder sumergirte, al momento flotas sin moverte, ausente de flora y fauna y al borde de un enorme desierto las múltiples sensaciones se suceden. Las personas cubiertas con lodos reparadores se pasean a 47 grados; una ducha de agua dulce se hace imprescindible.

Como colofón hablaría del Parque Nacional de Masada, fortificación del último reducto de los hebreos que decidieron suicidarse antes que entregarse a los romanos, allá por el ya lejano 73 de nuestra era.

Esta pequeña y modesta crónica pretende dar una imagen de la parte judía de Israel, fuera y aparte de lo que estamos acostumbrado a ver y oír y agradecer la bondad, las atenciones y la generosidad con que fuimos tratados por unos amigos entrañables que serán inolvidables.

# Tirando de la tarjeta

Nadie o casi nadie está hoy sin una tarjeta de crédito. Ese pequeño rectángulo en plástico o metal fino que introducimos en una rajita y marcamos un número secreto para pagar nuestras deudas. Sí, ese invento milagroso bastante reciente en nuestras vidas de consumidores. Y es que tirar de tarjeta "mola" cantidad.

¿Quién puede negar que hoy día este mágico artilugio no nos haya cambiado la vida? ¿Que nos gusta una cosa?, pues la cogemos y la metemos en el carro ¿qué hay otra en la que no habíamos pensado? pues lo mismo, al carro y así, cuando llegamos a la caja y colocamos en la correa la cantidad de cosas con que hemos llenado el carro, la tarjeta ejercerá su función eficiente: que podamos llevarnos a casa todos los artículos de nuestro capricho. No importa que las cosas adquiridas nos sean necesarias o no, pues no sentimos el peso de la deuda, sino la alegría de la adquisición, un momento de ilusión satisfecho, porque a fin de cuentas, lo pagaremos al mes próximo y si no tenemos suficiente saldo el banco nos cargará una pequeña "multa" y así tan simplemente, este sistema que nos gobierna procura que seamos felices.

Aparte de que la mayoría de las cosas con las que hemos llenado el carro, van a servirnos de muy poco o de nada, las iremos amontonando con un profundo sentimiento que hace sentirnos bien. Muchas veces me he preguntado si tantos siglos de padecimientos, carencias e infinidad de miserias no habrán afectado nuestros genes como para que ahora cualquier cosa nos seduzca, la necesitemos o no. Porque si nos metemos a profundizar un poco, nos damos cuenta que de verdad podemos vivir con muchas menos cosas de las que tenemos almacenadas en nuestros armarios. Pero cada vez queremos más, nunca quedamos satisfechos, ni siquiera cuando vemos el montón de cosas que no nos sirve de nada, que ocupan un lugar en la casa y que su limpieza y conservación nos esclavizan, no importa las podemos regalar y comprar otras. Llegados aquí ya estamos rayando en el despropósito, en quizás, la locura. Lo curioso es que picamos todos, o casi, creo que, aunque pocas, siguen habiendo personas sensatas que se conforman con poco o con menos de lo que los dictámenes del mundo moderno impone. En fin, consumir, consumir, consumir, es lo que importa al mundo capitalista.

No obstante no hace mucho tiempo las personas hacían su presupuesto. Elaboraban una lista de los gastos a los que se tenía que hacer frente durante un periodo de tiempo. Así teníamos gastos semanales y gastos mensuales. Lo lógico era sacar la cantidad adecuada para el mes y dividirlo por semanas Tanta cantidad para comer, tanta otra para gastos generales etc. Cuando la niña le decía a su madre que la planta del pie empezaba a rozarle por el suelo la madre le respondía "Aguanta una semana más y ya te compro los zapatos en el presupuesto del mes próximo".

Qué duda cabe que las cosas han cambiado, el ambiente en general es mejor, pero es bien cierto que la situación se ha pretendido mejor de lo que realmente estaba.

Habría que estudiar a fondo cómo ha sido posible un cambio mental de tal calado en las personas Un cambio mental y organizativo totalmente diferente. Hoy no sabemos lo que valen las cosas solo lo que pagamos por ellas. Y lo queremos todo, todo.

Antes de este pum especulativo las empresas fabricaban objetos (zapatos, sombreros, paraguas o lo que fuese), los apuntes contables se dividían en: materias primas, manufacturación gestión, transporte, seguro, administración, representación y poco más, sumando un porcentaje en beneficios. El producto salía al mercado y dependiendo de la suerte, la competencia real y la buena gestión se vendía, daba trabajo a un número de personas y claro está, los beneficios aleatorios.

Hoy no se sabe qué puede costar un artículo, de un sitio a otro, los precios son completamente diferentes. No sabemos el precio real de los artículos. Importa poco, seguimos comprando.

Mas es verdad que el deseo oculto de poseer tal o tal objeto ha destruido la forma racional, equilibrada y justa de satisfacer una necesidad. Las bambalinas de la ilusión equívoca nos hace ir tirando de tarjeta sin razonar, sin plantearnos nuestras verdaderas necesidades, mientras, colaboramos al deterioro del planeta por el abuso irracional del consumo. Y sin darnos cuenta de nuestra absurda conducta, seguimos tirando de tarjeta y de carro.

# Un sí esperado

Un sí en un porcentaje del 90 por ciento de las votaciones de la adhesión a Rusia de la provincia de Crimea, es el resultado de las votaciones el 16 de marzo, en una convocatoria aprisa y corriendo. No nos ha sorprendido, aunque, nos quieran hacer creer que los veintiocho mil soldados rusos fueron enviados para asegurar la paz "democrática" en las votaciones, vemos una vez más como "el pez grande se come al chico", como ya todos sabemos.

Nos asombra comprobar lo fácil que les resultaba a algunos periodistas, argumentar a favor de la posición rusa o de la contraria y los artículos que vamos leyendo, nos dejan poca alternativa para aclarar un poco con más profundidad un problema tan complejo. Resulta de pánico observar que, con cuatro máximas y mínimas referencias históricas deducen que, si se está a favor de la autonomía ucraniana se es nazi, antisemita, pro occidental y no sé cuántas cosas más, un "bolchevismo" disimulado se hace notar. O sea, que los que se han rebelado contra Rusia, saliendo a la calle enfrentándose a un gobierno vendido al coloso ruso y pidiendo incorporarse a la Unión Europea, son nazis. ¡Qué simplismo!

Estamos totalmente convencidos que el problema es más serio y profundo de lo que nos quieren hacer creer y que nos llena de incertidumbre por ver cómo se van a relacionar estas dos comunidades, la pro rusa y la ucraniana a partir de este momento.

Los dirigentes políticos tienen la obsesión de hacer de sus países un imperio, es la obsesión dominante desde hace miles de años, alguien dice que con esta actitud el mundo ha progresado, no obstante pensamos que el trabajo bien hecho y organizado, la conducta coherente y honesta que es lo que hacen los pueblos de todo el mundo, ha hecho mucho más. Y es lo que defendemos, los pueblos en general y los pequeños en particular, no sus gobiernos que a lo único que aspiran es a enriquecerse sin preocuparse de las vidas que pueden costar...

Rusia sigue teniendo una asignatura pendiente, la de crear un gran imperio, no lo consiguieron los zares, tampoco el comunismo y ahora el nuevo "zar" a base de una dictadura disfrazada, intenta lo mismo. La península de Crimea es importante para Putin, como salida al mar negro y por el estrecho del Bósforo (Turquía) su salida al Mediterráneo, también lo intenta con su alianza pro Siria. Rusia no cederá ni un palmo en sus ambiciones y poco sabemos de lo que podrán hacer la Unión Europea y los Estados Unidos ante este "golpe de estado" disfrazado.

Un enfrentamiento militar a escala mundial, desde que el material nuclear acecha, se pinta imposible. Ya lo dijo el político de turno después de Hiroshima y Nagasaki: "Ahora las guerras serán pequeñas, entre pueblos pequeños. Nuestras fábricas de armamento tienen que seguir produciéndolas ya que nuestros accionistas nos piden dividendos". Los pueblos, más que sus dirigentes, guardan en su memoria los hechos dolorosos que han tenido que soportar y que subyacen en el fondo de la memoria de cada uno y de todos. La represión que llevó a cabo Stalin con los miles de ucranianos de origen mongol y no mongol, desplazados a Siberia y reemplazados por rusos entonces, y que llevó erróneamente a recibir a los alemanes pensando que los liberaría de la opresión y que fue por desgracia, salir de Málaga para entrar en Malangón. Pero en ese tiempo los imperios movían ficha y no a favor de los pueblos, sino, en su contra. Y, el renovado miedo del poder despótico que va tomando Rusia, ahora, puede ser la causa o alguna de ellas de la última rebelión ucraniana.

Si se trata de la memoria de los pueblos, los españoles, aunque muy alejados físicamente de Ucrania, guardamos en nuestra memoria al compañero Nestor Majnó y su lucha contra la dictadura comunista. Tampoco olvidamos al barco "Cabo San Agustín" que desembarcó en el puerto de Odessa (Ucrania), las quinientas toneladas de oro con que la República pago el deficiente material militar que Rusia nos vendió durante la guerra de 1936, y que luego mandó a su tripulación al desierto de Yakutia, cerca del círculo polar, para no dejar ningún testigo de este hecho, como a los aviadores republicanos que acabaron sus vidas en Siberia, en el campo de concentración de Karaganda. Por lo visto, a Stalin le gustaba mandar a la gente a viajar pero no a hacer turismo.

# Una charla en el Centro Naturista

Contrariamente a lo que debiera suponerse esta vez el Centro Naturista-Vegetariano, nos ofreció una charla sobre la convivencia y sobre la violencia, cada día más notoria entre las personas. La charla empezó con un breve exordio sobre la forma de vivir, una forma competitiva, individualista y cruel que nos lleva hacia un estrés siempre creciente. El desencanto de la juventud que acabada la carrera y que se presta a una labor sustitutoria en cualquier empresa o banca bien gratuitamente, bien por un salario irrisorio. La ansiedad y el desencanto anidan en el corazón de unos jóvenes que ven pocas salidas profesionales. Y los más afortunados acaban con contratos efímeros y atrapados en las depredadoras ETT.

En los centros de trabajo, talleres, fábricas, oficinas ha desaparecido totalmente cualquier amago de solidaridad. Una agresividad, no solo vertical jerárquicamente, también horizontalmente, entre compañeros, es la dinámica que hoy caracteriza el mundo laboral. A pesar del avance de la modernidad, ¿por qué no somos felices? ¿Qué causas nos impiden serlo? ¿La culpa es nuestra o de los demás? ¿Con qué gama de valores nos regimos?

Según sabios antropólogos el hombre responde a tres instintos básicos: el de conservación, el de nutrición y el sexual respondiendo categóricamente a los tres. También explican la violencia desde sus orígenes al instinto natural del hombre, lo que han afirmado los filósofos a través de los tiempos como Hobbes o Emile Durkheim entre tantos otros.

Infinidad de veces se nos ha presentado al salvaje cazando y comiendo sus piezas sin medida, dejando los despojos para el grupo. Un ser violento, egoísta, brutal y que según Darwin el mejor espécimen preparado para perpetuar la especie y al que las religiones han intentado amedrentar a través de los siglos y Hobbes constreñir con los pactos sociales y el control de unos por otros y en la cumbre el vector. Pero si éste hubiera sido el único concepto que hubiera regido el comportamiento de nuestros ancestros indudablemente que hubiéramos desaparecido como especie.

Otra idea más profunda ha permitido que la humanidad haya llegado hasta nuestros días, se trata de la solidaridad, del apoyo mutuo. Empezó ese mismo salvaje por asociarse para cazar y observando a la naturaleza e imitándola creo una red de protección entre los que componían el conjunto; y el conjunto creció, se consolidó y el esfuerzo de todos resultó más provechoso que el esfuerzo de uno solo por, muy fuerte que fuese. La humanidad había empezado a socializarse, a contar con los demás y a darse en la misma medida al conjunto al que pertenecía.

Y estos pilares conceptuales hoy rigen nuestra convivencia explícita o implícitamente Los dos se debaten, se apropian de voluntades, dominan situaciones y resuelven problemas, bien por un sistema o por otro.

Si ya hemos visto, aunque someramente, el origen de estos dos conceptos antitéticos, definámoslos y los detectaremos a cada momento de nuestra convivencia.

El primero lo podemos definir como el del salvaje egoísta y violento, el segundo el del salvaje solidario y altruista. El primero se basta así mismo o se sirve de los demás, el segundo recurre a los demás con el fin de crear con el conjunto algo que beneficie a todos. La eterna sed de justicia, la tan ansiada y a veces manida igualdad, que siempre anidara en el corazón del ser humano mientras se siga considerando tal.

El primero reina en la oficina, en el taller, en la fábrica de forma jerárquica justificado por el sacrosanto rendimiento y la efectividad, el segundo cada día queda más reducido, menos utilizado, pero sin duda imprescindible. Curioso resulta que también se da esta situación en asociaciones con fines no lucrativos.

El buen deseo reúne a un grupo de personas con una finalidad cultural o artística, pronto alguien del grupo somete a los demás e impone su criterio personal al conjunto, con por supuesto, previa dejación de éste.

Si el que denominaríamos el concepto de liderazgo hace prevalecer su criterio, su voluntad y sus privilegios que pueden ser económicos o ególatras. Los segundos, los que soportan ese liderazgo, pierden todo criterio propio, sacrificando otras posibilidades, unos y otros se empobrecen, la sociedad en su conjunto sufre las consecuencias. Este vicario proceder nos ha llevado como culmen hasta la practica electoralista. Que no es más que un abandono total de sí mismo, aunque se adorne con un amañado "delegar".

El punto más delicado se presenta en la educación de los niños. Aquí el sentido autoritario, el fanatismo religioso se aprestan a sembrar sus semillas para perpetuar cada cual sus criterios, para ganar adeptos y preparar en esas mentes limpias su futuro próximo. Tanto padres como profesores toman al niño como propiedad exclusiva. El niño ni tiene por sí mismo ningún derecho ni se le concede ninguna voluntad que la que se prepara e impone, como si el niño fuese un ser menguado...

En cambio el nuevo ser, es eso precisamente un ser nuevo que en el momento de su nacimiento necesita protección, pero también respecto y su ubicación al lado de los demás y que debe ir asumiendo paulatinamente sus derechos y sus responsabilidades, desde el control de sus necesidades, del disfrute de sus juegos hasta la asimilación de su lugar al lado del de los demás conforme vaya creciendo.

Y por terminar y a modo de reflexión dos poemas de dos magníficos poetas: C. Vega Álvarez y R. de Campoamor nos pueden ayudar en nuestra meditación:


En mí encontraras siempre

piso para tus sendas

premio para tu esfuerzo

y el pan que te sustenta


Encontraras el árbol

que cobija tu siesta

y el trinar de las aves

en madrugadas bellas

Y cuando, al fin arribes

a la postrera meta

en mi encontrarás tu último

lecho: ¡Yo soy La Tierra!

**C. Vega Alvarez**


Ya con la fe perdida

Voy siguiendo del mundo el retortero

Al ver que son iguales al primero

los últimos errores de la vida.

**Campoamor**

## Vías de placer

Decir que la vida está llena de problemas, no es decir nada nuevo, es más, la vida es un continuo conflicto o una serie de problemas encadenados que dejamos sin resolver a la hora de partir definitivamente. Todo el mundo los tiene, grandes, pequeños, medianos.

Siempre se ha creído que la capacidad de las personas crecía y se atemperaba, precisamente enfrentando problemas y dificultades diversas.

En un momento dado la sociedad cambio de actitud Cuando se habían alcanzado cotas de bienestar nunca imaginados, cuando se habían superado situaciones de miseria, la sociedad se apuntó a lo lúdico, a la búsqueda del placer sin más y todo lo que impide su acceso, todo lo que interrumpe ese placer es rechazado de inmediato. Decidir de hacer o no una cosa es especular si ésta conviene y si a la postre da placer. Si el placer es rápido y repetitivo mejor. Se prefiere el físico al moral o al intelectual, de ahí tanta gente estúpidamente enganchada a la droga.

Las vías proyectadas hacia el placer son múltiples De las físicas, las únicas naturales, las sexuales son inocuas, las demás nos conducen a nuestra autodestrucción, a como decía David Bowie: "tengo el cerebro como un gruyer a causa de la coca".

Otra vía es el rechazo a todo compromiso, a todo esfuerzo, a toda tarea, con el fin de separar lo que puede causarnos molestia o cansancio, o sea, no placer. Pero como dijo el maño: "ti pongas como ti pongas tengo que..." Y eso hace la vida, por mucho que se eviten los inconvenientes y esquive lo que no nos gusta.

En cambio, también hay gente que es capaz de coger la vida en sus manos. En esta sociedad tenemos que trabajar, estamos obligados a hacerlo, aunque solo nos quede en las manos la décima parte de lo que producimos.

Hay niños que criar, enfermos que curar y viejos que cuidar y para

118

esta loable tarea queda todavía gente. Madres que guardan el máximo de tiempo sus hijos en casa. Enfermeras de entrega voluntaria, con salarios irrisorios, pero con penosas tareas que las ejecutan con la sonrisa en los labios regalando gestos de amor. La maestra y el maestro de vocación, preocupados por la formación de sus alumnos. Y mujeres anónimas, ya viejas, que poniendo la mano sobre la del compañero le dicen:" deja de escribir y tómate la sopa que se te va a enfriar". Y por raro que parezca existen hijos que no están dispuestos a llevar a sus viejos padres a un asilo, los van a cuidar con el mejor de los cariños Toda esta gente altruista también busca el placer. El placer del deber cumplido que responde a esas cuotas de humanismo tan consustancial a la persona y que no solo hay que preservar, incluso incrementar y recuperar.

# 4. textos participativos

El siguiente capítulo, por obra de la autora, son textos compartidos con otros escritores. En ellos, los colaboradores han propuesto diversos finales a la narrativa, creando así un conjunto de posibilidades, que se ponen a tu disposición y a los cuales podrías imaginar tus propias propuestas, para hacerlo aún más interesantes.

# La vieja mansión – versión original

A pocos kilómetros del pueblo, en la carretera que va a la ciudad, se encontraba aquella preciosa mansión cercana a la montaña de Xera, famosa por sus ciervos y jabalíes que algunos cazadores de los alrededores intentaban llevarse a casa como codiciados trofeos.

Aquel verano, Consuelo, la matrona de la finca, tenía a su nieta disfrutando de unas semanas de vacaciones. Era una preciosa criatura en el despertar del paso de niña a mujer. La abuela estaba encantada; en la planta baja de la finca, a la derecha de la entrada principal, en el corredor que hacía pared al viejo pozo había tres habitaciones, una la ocupaba Consuelo, en una de las otras dos que quedaban vacías instaló a su nieta. La muchacha pasaba el día en la piscina y luego dormía plácidamente toda la noche, "como un tronco", le decía al patrón que había venido a la finca por un día y que, sin embargo, no se había vuelto a marchar.

La pequeña verja por la que se podía entrar en la casa desde el viejo y ruinoso pozo estaba cerrada y cuando el patrón le dijo que la dejara abierta, porque si algún día venia un poco borracho, entraría por esa parte de la casa para que no lo vieran las demás personas del servicio.

Consuelo se quedó muy pensativa, desde cuando le había importado al patrón que el servicio pensara que estaba o no bebido. Y cómo arriesgar su vida pasando por ese lugar, un desliz e iría al fondo.

- Don Pablo, pasar por encima del viejo pozo es muy peligroso, podría ir a parar al fondo y...

- No te preocupes, tu haz lo que te digo.

Pero Consuelo llevaba toda su vida dedicada al servicio doméstico y conocía perfectamente la mente y las ambiciones de las personas a las que servía. Esta vez estaba desorientada, pues no llegaba a vislumbrar qué motivo movía al patrono a pedir que la verja de entrada al pasillo de las habitaciones quedase abierta. Pero pronto lo comprendió, cuando D.

Pablo le dijo.

- ¿A qué hora se acuesta usted?

- Depende, tengo que revisarlo todo antes de acostarme para que a la mañana siguiente todo esté preparado para empezar el día.

- ¿No tiene una hermana en el pueblo? Cójase un día y vaya a verla, ¡relájese mujer!

- Gracias, sería estupendo, así mi hermana vería a mi nieta que hace por lo menos tres años que no la ve.

- No, a la niña la deja usted aquí que lo pasa muy bien en la piscina y no la aburra con cháchares de viejas.

En ese momento todo quedó claro para la angustiosa abuela y la necesidad de saber cómo proteger a su nieta, algo que en su día no supo hacer para sí misma.

Don Pablo le hablo de viejos tiempos cuando ella era más o menos como su nieta, que la guerra hacía poco que había terminado, que había muchas carencias, que su padre fue fusilado. De repente todo aquel pasado oculto, triste y opresor golpeaba de nuevo. No se había superado con la democracia que todos alababan, aquellos terribles tiempos, y se preguntaba en su fuero interno, tendría que pasar su nieta por lo que ella pasó tiempo atrás. Su angustia iba en aumento. Echar a correr, ocultar a la niña. Sus divagaciones no tenían fin.

- No iré a ver a mi hermana y dejar a la niña sola... Pero me acostaré pronto, estoy un poco cansada.

- No se preocupe aquí estoy yo y hay varias personas más. La niña estará bien, además ya no es tan pequeña, añadió un gesto obsceno que lleno de asco a la abuela.

O sea, yo (pensaba la vieja para sus adentros) dejo la verja del pasillo abierta, tu saltas por encima del ancho hueco donde perforaron el viejo
122

pozo y empujando la verja entras en el corredor y justo enfrente está la habitación donde duerme mi nieta. Tengo que hacer algo.


Y tal fue. Cerca de la una de la madrugada, cuando todos estaban descansando, D. Pablo pasó por encima del hueco del viejo pozo y se enganchó en la verja, pero no pudo abrirla, la vieja la había dejado cerrada, se quedó colgando y por mucho que forzó la verja, ésta no se abrió. Haciendo mil movimientos quedo agotado y se vio impotente para dar un salto hacia atrás y volver a la entrada del corredor, entonces empezó a llamar, pero nadie respondió, se desplomó y cayó al fondo, sus gritos se hicieron más agudos, pero se oían menos. Consuelo tenía que enfrentarse al gran reto moral que suponía dejar que muriese aquel hombre o salvarlo. Si hacía lo esto último, ella y su nieta correrían un grave peligro, este hombre se vengaría. Si lo dejaba morir el problema se había terminado. Pensó que no podría llevar en su conciencia aquel acto y se fue a despertar a los empleados de la casa. Estos no salían de su asombro.

- ¡Sí, no estoy loca!, he oído gritos que salen de la entrada del viejo pozo, ése que abandonaron sin terminar.

Un rato después, sacaron a D. Pablo seminconsciente y se lo llevaron inmediatamente al hospital. Allí permaneció varios meses. Consuelo decidió visitarlo. Entró en su habitación temerosa, no sabía cuál sería la reacción de aquel hombre.

- Le agradezco que se decidiera a salvarme la vida, estaba loco, las circunstancias me han hecho ver las cosas de otro modo. Además, me han detectado una insuficiencia cardiaca que ignorábamos.

- Celebro que lo vea usted así. Como comprenderá mi nieta es algo muy importante en mi vida y por ella estaba, y sigo estando, dispuesta a hacer lo que sea, no obstante, dudé mucho si dejarlo morir.

- Pues casi lo consigue

- ¡Qué va!

- ¿Y cómo pensaba hacerlo?

- Bueno, podía haberlo dejado en el fondo del pozo hasta que muriera. Podría haber dejado la verja abierta, usted hubiera pasado y una vez dentro de la habitación y en el momento de violar a mi nieta yo hubiera entrado y con la pistola de mi abuelo, le hubiera pegado un tiro a boca jarro. También hubiera podido cambiarme por mi nieta. ¡Vaya la cara que hubiera puesto cuando en vez de la niña me hubiera vista a mí! Lo vamos a dejar así, ya estoy jubilada, me bajo al pueblo a vivir con mi hermana, dejo la mansión que tantos sufrimientos propios encierra y tantos desmanes suyos guarda.

**Versión de la autora**

# La vieja mansión – versión de Josef Carel

Cuando creyó que D. Pablo había salido ya rumbo a la taberna del pueblo, Consuelo salió al patio y aseguró bien la verja al contrario de lo indicado. Mientras, la jovencita leía un libro sentada en la poltrona de la sala y parecía muy tranquila y confiada. Consuelo, a su vez, se preparó para una larga vigilia durante la noche, pues pensaba cuidar todos los pasos y no dejar nada al azar. A su lado preparó la barra de hierro que usaban para atizar el fuego. Por las dudas.

Una horrenda explosión despertó de pronto a la matrona del profundo sueño en el que había caído. Se había rendido al cansancio, luego de un largo día de trajines. Inmediatamente se percató de un fuerte olor a pólvora y en seguida adivinó de donde venía. Dirigió sus pasos al pasillo del pozo, pero ya otras personas se habían adelantado. La habitación estaba en penumbra, apenas iluminada por una lámpara de noche. En el medio de la habitación estaba parada la joven, su nieta, que sostenía en sus manos un enorme fusil de caza. Los ojos abiertos de par en par, pero sin ninguna conmoción, observaba el cuerpo inmóvil de Don Pablo, que a sus pies, patas abiertas, yacía postrado. Un pequeño hilo de sangre se extendía desde la ingle del hombre, adornada por manchas de sangre. No eran heridas de muerte, pero el viejo se había desvanecido, aunque algunos dedos de su mano se movían con espasmos involuntarios. En el suelo había rodado también una botella de licor.

Consuelo se acercó a su nieta, y con suma suavidad con manos temblorosas tomó el arma de sus manos. Entonces la niña prorrumpió en llantos mientras su cuerpo tembló con violencia.

- ¿Qué ha pasado, hija? atinó Consuelo, mientras sostenía a la jovencita, a quien sentó en la cama. Pero la chica no podía componer palabra alguna. Solo quejas entre sollozos. Una de las sirvientas le trajo un vaso con agua. Consuelo pidió traer un calmante de su mesa de noche. La abuela decidió sacar a la niña de aquella horrenda escena y la sentó en la sala. La pregunta quedó en el aire por un buen tiempo, pero al fin la muchacha reaccionó.

- ¿Estará muerto, abuela? susurró la niña. ¿Lo habré matado? ¡No fue mi intención! Tan solo estaba practicando el uso del arma. Don Pablo me estaba enseñando las artes de la caza. ¡No tenía idea que estaba cargado! Él tampoco seguramente. Se puso delante mío y me retaba a que apuntara a su pecho y apretara el gatillo. Ambos estábamos medio tomados. Nos bajamos casi una botella entera, murmuraba la chica. Nos reíamos tanto que temimos despertar la casa entera.

- ¿Qué dices tú niña?, lloraba Consuelo espantada. ¿Todo eso fue puro teatro? ¿Y tú tomaste parte de ello de manera voluntaria? Las lágrimas corriendo por las mejillas de la mujer, observaba a su nieta sin poder reconocerla. Pero aun atinó a preguntar.

- ¿Don Pablo abusó de ti? ¿Te violentó?, miraba a su nieta, aunque no veía en aquella ninguna seña de violencia y también sus ropas estaban completas. Todo abrochado y ningún desgarro. También su físico no parecía lesionado.

- ¡No! Exclamó la muchacha, ¡Nada de eso!, respondió poniendo las manos sobre los hombros de la abuela.

- Tú te equivocas también en cuanto a mí, respondió con una sonrisa de sorna.

- No soy ninguna inocente niña y no te olvides que vivo en una gran ciudad. No soy del campo Consuelo, y se manejarme sola perfectamente. Conozco muy bien a tipos de la calaña de Don Pablo. Aprendí a manejar a hombres como este y sé muy bien cómo defender mi integridad.

- De todas maneras, quisiera saber, atinó la abuela a coordinar algún pensamiento. ¿Es que de alguna forma intentó propasarse contigo?

- Mira abuela, vino tan borracho que apenas se sostenía en pie. Yo estaba en la sala leyendo aún y para no molestarte, pues dormías a pleno, nos fuimos a la cocina a conversar y tomar del vino que se trajo. Entonces le pregunté por el arma colgado en la pared de la sala. Él se ofreció a enseñarme su uso y nos fuimos a mi habitación. No digo que no intentó tocarme, pero rápidamente entendió que no era el momento ni mi voluntad. Le cruce un manotazo en su cara que casi lo tira al suelo. No olvides que tengo cinturón negro en el arte del Karate. Al instante se puso como una seda.


- ¿Qué hacemos ahora Consuelo? Don Pablo está herido y quizás haya perdido mucha sangre. ¿No habría que avisar a la policía?

Dos días más tarde, nieta y abuela visitaron juntas al hombre en el hospital. Él mismo dio declaración ante las autoridades tomando plena responsabilidad de los hechos. La niña depositó sobre la frente de Don Pablo un cálido beso y abrazando a su abuela se despidió… Hasta la próxima visita.

## Prolongación de "La vieja mansión" – versión de Daniel de Cullá

Consuelo se sentía mujer adúltera, pues, en más de una ocasión, don Pablo, en la cocina, le había cogido por la espalda, diciéndole de mil maneras "te deseo", y con tocamientos bravos, esto:

- Dime quién de casa sale, dime quién en casa entra. Hasta que un día, cansada de tanto aguantar, a él no se entregó y le aplastó su miembro entre dos platos. Que por eso, ella tenía que librar de sus garras a la niña, a quien él, cuando ella no estaba, balanceaba entre sus piernas. Que ojalá la hubieran a ella librado de balancearla un tío suyo cura. Y por esto, tenía la obligación de librar de las garras de don Pablo a la pequeña. De esta manera, se desató y aceleró en ella la resolución de hacer que el viejo, al volver a casa, se precipitase en el pozo, que ha de ser su condena, pues tiene alma de maligno.

# La vieja mansión – versión de Norberto Pannone

Y tal fue que, cerca de la una de la madrugada, cuando todos estaban descansando, Don Pablo intentó pasar por encima del hueco del viejo pozo y una de las tablas estaba "extrañamente" suelta. Haciendo mil movimientos quedo agotado y se vio impotente para dar un salto hacia atrás y volver a la entrada del corredor, entonces empezó a llamar, pero nadie respondió, se quedó colgando y por mucho que intentó encaramarse sobre las otras tablas, perdió el equilibrio se desplomó y cayó al fondo. Sus gritos al pedir ayuda se fueron haciendo más agudos y débiles. Desde la sombra del pasillo, la matrona había presenciado la fatal escena.

Consuelo tenía que enfrentarse al gran reto moral que suponía dejar que muriese aquel hombre o salvarlo. Si hacía lo segundo, ella y su nieta correrían un grave peligro, este hombre se vengaría. Si lo dejaba morir el problema se había terminado. Pensó que no podría llevar en su conciencia aquel acto y se fue a despertar a los empleados de la casa. Estos no salían de su asombro.

- ¡Sí, no estoy loca!, he oído gritos que salen de la entrada del viejo pozo, ése que abandonaron sin tapar.

Un rato después, sacaron a Don Pablo seminconsciente y se lo llevaron inmediatamente al hospital. Allí permaneció varios meses. Consuelo decidió visitarlo. Entró en su habitación temerosa, no sabía de la reacción de aquel hombre.

- Le agradezco que se decidiera a salvarme la vida, estaba loco, las circunstancias me han hecho ver las cosas de otro modo. Además, me han detectado una insuficiencia cardiaca que ignorábamos.

-Celebro que lo vea usted así. Como comprenderá mi nieta es algo muy importante en mi vida y por ella estaba y sigo estando dispuesta a hacer lo que sea, no obstante, dudé mucho entre matarlo o no.

- Pues casi lo consigue. Dijo el viejo extrañado por aquellas palabras.

- ¡Qué va!

- ¿Y cómo pensaba hacerlo?

- Bueno, podía haberlo dejado en el fondo del pozo hasta que muriera. Podría haber dejado la verja abierta, usted hubiera pasado y una vez dentro de la habitación y en el momento de violar a mi nieta yo hubiera entrado y con la pistola de mi abuelo, le hubiera pegado un tiro a boca jarro. También hubiera podido cambiarme por mi nieta. ¡Vaya la cara que hubiera puesto cuando en vez de la niña me hubiera visto a mí! Lo vamos a dejar así, ya estoy jubilada, me bajo al pueblo a vivir con mi hermana, ¡dejo la mansión que tantos sufrimientos propios encierra y tantos desmanes suyos guarda!

Don Pablo hizo un gesto de fastidio acompañado de una mueca de imperceptible tristeza. Volvió la mirada hacia la ventana de la habitación que daba hacia el flaco y amarillento patio del hospital donde el otoño estaba haciendo de las suyas. Comprendió que el invierno ganaría la batalla.

Intentó tragar saliva, pero la garganta se le había cerrado y una garra de miedo y dolor la oprimía sin piedad. Cerró los ojos y recordó con amargura aquella mañana cuando, desde la resistencia, luchaba por la libertad perdida y las esquirlas de una maldita granada franquista le habían cercenado su masculinidad. ¡Nadie sabría nunca su verdad! ¡Y menos ahora! ¡Qué pensaran lo que se les antoje!

Pasaron dos meses y volvió al caserón. Corrió desesperado hasta la habitación donde había dormido la nieta de Consuelo y buscó afanosamente debajo de la cama. Sacó la baldosa floja del piso que estaba todavía allí, la levantó y con un suspiro de, exhalado desde la profundidad de su avaricia, extrajo un puñado de joyas y algo de oro que allí guardaba desde hacía bastante tiempo. Su excesivo amor por el dinero, había hecho de él un hombre absolutamente desconfiado y de mal corazón.

¡Ahora, la estúpida nieta de Consuelo podría volver cuando quisiera! ¡Qué va! Sonrió pensando que, aquello de: "Tal palo, tal astilla" no era siempre una premisa sine qua non…

# La foto – original

Se sentó en el banco con la cabeza cacha mirando los zapatos ajados que tanto le disgustaban. Metió la mano en el bolsillo de la chupa y sacó un paquete de tabaco medio vacío del que sustrajo un cigarrillo, con el mechero lo encendió y empezó a fumar muy lentamente. Al cabo de varias exhalaciones, levantó la vista y se detuvo mirando el árbol que, majestuosamente extendía sus ramas más allá del seto. No se oyen los pájaros, se dijo para sí mismo. Ya en las últimas caladas sus dedos ansiosos se deslizaron por el bolsillo junto al pecho, de donde sacó una foto bastante deteriorada, en donde una hermosa y joven mujer vestida de forma pulcra y sencilla, esbozaba una dulce sonrisa.

El hombre la contempló largo tiempo, el cigarrillo se había consumido. Pasó la yema del dedo por toda la figura deteniéndose en los labios de la hermosa mujer, pasando el mismo dedo por sus labios secos y arrugados, una y otra vez. Fue repitiendo el mismo movimiento mucho tiempo, como si esperase una respuesta.

La mujer de la foto era joven y vestía elegantemente con un vestido de otra época. Él era viejo con una larga y descuidada melena, con el rostro quemado y encartonado, las manos ajadas. Una gran melancolía emanaba de aquel descuidado cuerpo.

Acercó la foto a sus labios y la besó largamente y con un gran suspiro se desplomó.

La gente cercana al parque, vio a aquel pordiosero derrumbarse y de inmediato, llamaron a una ambulancia. Cuando ésta llegó los conductores verificaron que el vagabundo había fallecido. Lo colocaron en la camilla pero no pudieron sacarle, de entre los dedos la foto, de una hermosa mujer que sonreía.

Poco después la enfermera tiró con fuerza y pudo soltar la foto de entre los enjutos dedos, al tiempo de tener la sensación de haber sentido un lamento. Miró la foto y miró al difunto y sin saber porque les dijo a los encargados de la funeraria.

.- No dejen de poner esta foto junto al corazón del fallecido cuando lo acomoden en el ataúd. Si por algo se separaron, ahora que emprendan juntos el camino de la eternidad.

1ª ¿Quién era ese hombre?

2ª ¿Qué relación tuvo con la mujer de la foto?

Amable lector, te invitamos a dar una conclusión que nos aprenda a comprender cómo fue la vida de estos personajes.

**Versión de la autora**

## La foto – versión de Beatriz Martínez

Si el amor traspasa la vida y cruza la barrera de la muerte, ahora volverá a estar junto a su siempre amada esposa, a la que pronto perdió poco antes del tercer año de feliz matrimonio por una fulminante enfermedad, a la que no pudo vencer a pesar de ser médico y salvar muchas otras vidas.

Luego de tan duro golpe siguió su existencia con la principal misión de criar y cuidar a su pequeño hijo. Pero una fatídica tarde, al salir del colegio el niño cruzó la calle corriendo sin mirar y una camioneta no pudo evitar arrollar al pequeño, que allí dejó su risa trunca mientras su mirada voló hacia la única nube que surcaba el cielo.

Él ya no pudo recuperar el interés por la vida ni su firme pulso de cardiocirujano; por lo que nunca se perdonó no poder salvar a esa joven paciente madre de dos niños pequeños. En ella veía mientras la intervenía el rostro de su mujer...

Esos hechos acabaron con él hace ya más de veinte años... Ahora era solo poner la tapa funeraria a un espíritu muerto muchos años atrás.

# La foto – versión de Emi Perez

El viejo del banco, semblante pálido, camina errante por un bosquecillo. En su interior va recordando con cierta tristeza todo lo negativo de su existencia, llena de pesadumbres y agonías.

En un momento, impensado, rápido sintió como una ráfaga de fulgor, de obscena claridad le hizo despertar su paupérrimo pasado. Sí; estaba vivo. El tiempo que le quedaba, ¡quién sabe cuánto!, iba a ocupar en el oficio de sentir, adorar cada uno los momentos en amar, adorar la vida, ¡su vida!, que a su pesar de ser fugaz, no consistiría nunca más en empequeñecerla...

...Y caminando, cabeza erguida, paso firme, respiró profundamente y siguió el camino. Esta vez con gratitud por la ardiente llamarada de colores que fluía de su inmenso corazón.

# La foto – versión de Enrique Rosell

Se sentó en el banco con la cabeza cacha mirando los zapatos ajados que tanto le disgustaban. Metió la mano en el bolsillo de la chupa y sacó un paquete de tabaco medio vacío del que sustrajo un cigarrillo, con el mechero lo encendió y empezó a fumar muy lentamente. Al cabo de varias exhalaciones, levantó la vista y se detuvo mirando el árbol que, majestuosamente extendía sus ramas más allá del seto. No se oyen los pájaros, se dijo para sí mismo. Ya en las últimas caladas sus dedos ansiosos se deslizaron por el bolsillo junto al pecho, de donde sacó una foto bastante deteriorada, en donde una hermosa y joven mujer vestida de forma pulcra y sencilla, esbozaba una dulce sonrisa.

El hombre la contempló largo tiempo, el cigarrillo se había consumido. Pasó la yema del dedo por toda la figura deteniéndose en los labios de la hermosa mujer, pasando el mismo dedo por sus labios secos y arrugados, una y otra vez. Fue repitiendo el mismo movimiento mucho tiempo, como si esperase una respuesta.

La mujer de la foto era joven y vestía elegantemente con un vestido de otra época. Él era viejo con una larga y descuidada melena, con el rostro quemado y acartonado, las manos ajadas. Una gran melancolía emanaba de aquel descuidado cuerpo.

Acercó la foto a sus labios y la besó largamente y con un gran suspiro se desplomó.

La gente cercana al parque, vio a aquel pordiosero derrumbarse y de inmediato, llamaron a una ambulancia. Cuando ésta llegó los conductores verificaron que el vagabundo había fallecido. Lo colocaron en la camilla, pero no pudieron sacarle, de entre los dedos la foto, de una hermosa mujer que sonreía.

Poco después la enfermera tiró con fuerza y pudo soltar la foto de entre los enjutos dedos, al tiempo de tener la sensación de haber sentido un lamento. Miró la foto y miró al difunto y sin saber porque les dijo a los encargados de la funeraria.

- No dejen de poner esta foto junto al corazón del fallecido cuando lo acomoden en el ataúd. Si por algo se separaron, ahora que emprendan juntos el camino de la eternidad.

28 de marzo de 1939. La cubierta del barco está abarrotada y el cielo, que amenaza tormenta, se cierne sobre los cientos o miles de refugiados que se amontonan en el puerto de Alicante. Un carbonero inglés, el Stanbrook, se haya fondeado y por la pasarela sube un tropel de gente, asustados y presurosos, recibidos por un joven capitán llamado Archibald Dickson. No hay sitio para nadie más. En la cubierta se apiñan casi 3.000 republicanos que huyen de las tropas franquistas que avanzan. Hay ya buques españoles, alemanes e italianos que intentan cazar todo lo que salga de territorio enemigo. Entre la gente se mezclan personas casi en la miseria y consumidas por el hambre y otras con buena apariencia, quien sabe si familias de funcionarios del Gobierno. Llevan bolsas de todo tipo, maletas y algunos soldados conservan sus armas.

El capitán da orden de zarpar y el Stanbrook gime a través de su viejo y oxidado casco de hierro. Una bomba de aviación cae en el mismo lugar donde antes estaba el buque, estallando con un ruido sordo y apagado. Se hace de noche, mientras llueve y hace frío. Se reparte la comida entre todos. El capitán puede dar algo de café a los más débiles. Casi todos han conseguido poder traer algo de pan, que les durará hasta su llegada a Orán, unas 20 horas después. No hay incidentes de importancia, salvo el alivio de escapar y el terror por lo incierto del futuro, que se refleja en rostros cansados y abatidos.

En el puerto norafricano pudieron bajar mujeres y niños, pero no los hombres. Estos lo hicieron 6 días después, sucios y desaliñados, para terminar ingresados todos en campos de concentración. Uno de ellos es Vicent Jordà Molins. Ha huido de Crevillente, Alicante, después de regresar del frente de Madrid, donde era teniente de milicias. Viaja solo. Su mujer, miliciana catalana de la CNT, a la que conoció en la capital, ha sido apresada en unos combates en el frente de Aragón. Lo último que sabe de ella
136

es que estaba en un penal, que había sido condenada a muerte y esperaba su final, en una carta que le pudo enviar escondida por alguien que la visitó. Vicent está triste y sus compañeros no consiguen animarle. Ha perdido a su familia, a sus amigos, a su mujer, y tiene que abandonar su tierra porque sus ideas no son bien vistas. En los próximos días ideará un plan de fuga y conseguirá escapar, de polizón, en un buque francés que hace la ruta Orán-Marsella. Los últimos días en el campo, otro miliciano catalán le dice que reconoce a la mujer de la foto. Está seguro, porque era muy guapa y con mucho carácter. Le dice que el penal fue bombardeado por la aviación republicana. María estaba a salvo en Barcelona las Navidades de 1938, había podido huir. Ambos tenían amigos comunes y se lo comunicaron, pero pasó la frontera por La Junquera hacia Francia, en febrero de 1939, junto a miles de refugiados, civiles y soldados. Era lo último que sabía de ella.

La buscó, unos meses después. Pudo vender unas joyas y encontró trabajo en una tienda de alpargatas, conocía bien el oficio. Ahorró dinero y visitó los 15 campos que Francia montó detrás de los Pirineos, para casi 400.000 españoles de la República. Tenía un pasaporte falso, gracias a unos amigos, que le presentaban como emigrante en tierra francesa desde 1934. Conocía un poco el idioma, porque había conocido en Madrid a un combatiente de las Brigadas Internacionales con el que convivió unos meses y le había animado a estudiarlo.

Pero fue en vano. Marta había muerto de tuberculosis en el campo de St. Cyprien, entre las dunas, cerca del mar y rodeada de alambres de espino. Se lo confirmó una trabajadora de la Cruz Roja, que comprobó su nombre entre la lista de fallecidos. Vicent había muerto por segunda vez y sintió que su vida ya no tenía sentido. Vagó durante años por la Francia de Vichy, y luego tras el fin de la Segunda Guerra Mundial de aquí para allá, como un cadáver, como un espíritu, a salvo tras su pasaporte falso. Trabajaba donde podía y bebía para olvidar, hasta que su cuerpo ya no pudo más.

28 de marzo de 1971. Ese día se sentó frente a un banco y sacó de nuevo la vieja y ajada foto. Fue la última vez que se le vio con vida por el barrio. Nadie le conocía, ni la historia que arrastraba desde hacía años.

Murió pensando en lo único que había amado de verdad, enterrándose con él un amor y un ideal. Nadie fue a su entierro y nadie visitó la tumba de alguien que ya no existía. Pero tú, que lees esto, ya conoces su historia y no puedes, no debes, olvidarla nunca.

## La foto – versión de Norberto Pannone

Se sentó en el banco con la cabeza cacha mirando los zapatos ajados que tanto le disgustaban. Metió la mano en el bolsillo de la chupa y sacó un paquete de tabaco medio vacío del que sustrajo un cigarrillo, con el mechero lo encendió y empezó a fumar muy lentamente. Al cabo de varias exhalaciones, levantó la vista y se detuvo mirando el árbol que, majestuosamente extendía sus ramas más allá del seto. No se oyen los pájaros, se dijo para sí mismo. Ya en las últimas caladas sus dedos ansiosos se deslizaron por el bolsillo junto al pecho, de donde sacó una foto bastante deteriorada, en donde una hermosa y joven mujer vestida de forma pulcra y sencilla, esbozaba una dulce sonrisa.

El hombre la contempló largo tiempo, el cigarrillo se había consumido. Pasó la yema del dedo por toda la figura deteniéndose en el rostro de la hermosa mujer, pasando el mismo dedo por sus labios secos y arrugados, una y otra vez. Fue repitiendo el mismo movimiento mucho tiempo, como si esperase una respuesta.

La mujer de la foto casi una niña y vestía elegantemente con un vestido de colegiala. Él era viejo con una larga y descuidada melena, con el rostro quemado y encartonado, las manos ajadas. Una gran melancolía emanaba de aquel descuidado cuerpo. Pensó que aquello de que "el paso del tiempo era una panacea para el alma" y sonrió amargamente; mucho antes había descubierto aquella gran falacia filosófica.

Acercó la foto a sus labios y la besó largamente y con un gran suspiro se desplomó.

La gente cercana al parque, vio a aquel pordiosero derrumbarse y de inmediato, llamaron a una ambulancia. Cuando ésta llegó, los conductores verificaron que el vagabundo había fallecido. Su rostro amoratado casi causaba cierta repulsión. Lo colocaron en la camilla pero no pudieron sacarle de entre los dedos la foto de aquella hermosa mujercita que sonreía desde el fondo de los opacos colores del tono sepia.

Cuando la enfermera tiró con fuerza para sacar la foto de entre los enjutos dedos del hombre, tuvo la clara sensación de haber percibido un lamento. Miró la foto y miró al difunto y sin saber porque, les dijo a los encargados de la funeraria:

- No dejen de poner esta foto junto al corazón del fallecido cuando lo acomoden en el ataúd. Si por algo se separaron, ayudemos a que emprendan juntos el camino de la eternidad.

Días después de aquel acontecimiento, dos viejos amigos se sentaron en el mismo banco donde había encontrado la repentina muerte el anciano de la foto. Frente a ellos, el gran roble había comenzado a echar sus flores y estaba rebosante de gorriones que chillaban entre sus ramas pletóricas de vida.

Al parecer, nada sabían del suceso acontecido en ese lugar días atrás.

- El invierno está por partir, amigo José…

- Si… pero el nuestro se acerca…

- ¡Oh! ¡Tú siempre con la frase nefasta!

- ¿Y qué quieres a esta altura? ¿Acaso recuerdas a la primavera?

- Bah…

El dialogo pareció interrumpirse cuando un par de palomas se acercaron hasta sus pies a picotear algunas migas que estaban esparcidas por el piso. Luego, echaron un corto vuelo hasta la rama más cercana de aquel viejo roble, donde se posaron una junto a otra.

- José…

- Si…

- ¿Recuerdas a Jacinto?

- ¿Cuál, el viejo renegado? Hace tiempo que no sé nada de él… debe haber muerto…

- Pobre hombre, siempre recuerdo su fatal historia… fue en este árbol donde encontraron a su hija ahorcada… Dicen que fue a causa del sufrimiento por una violación que nadie pagó. La justicia es lenta, José, muy lenta… - Ajá…
140

# 5. proyectos

Ahora van una serie de trabajos de terceros. Tiene que ver qué se puede crear con ellos o sin ellos y que hay personas creativas y que socialmente son capaces de participar.

# Juan "Malasuerte"

Sr. Juez:

Por medio de este escrito quiero que quede patente que mi desenlace final se le ha de atribuir a mi mala suerte, por tanto el único culpable de mi triste final soy yo, procedo a relatarle con detalle los últimos acontecimientos de mi vida:

Me llamo Juan tengo 61 años y trabajo en una multinacional desde hace cuarenta, era jefe de Departamento. Entré a un despacho procurando que no se me notaran los nervios, puesto que tenía una entrevista con una persona de Recursos Humanos. Se incorporó del asiento y me tendió la mano saludando:

-¿Qué tal, cómo está?

Correspondí con una frase amable, sentándome en la silla que me ofrecía mi interlocutor, pensé que había colocado mi silla más baja que la suya con el fin de provocarme una sensación de inferioridad, no cabía la menor duda que su actitud se regía por el protocolo de ofertas de pre-jubilación y despidos. Yo por mi parte lo tenía asumido puesto que la empresa hacía un tiempo que había divulgado la situación.

- Como Ud. sabe figura por edad en la lista de prejubilaciones que la empresa se ve obligada a aplicar presionada por los accionistas y conseguir una reducción de gastos de personal que equilibren los beneficios a final del año, no obstante ante el buen historial laboral que presenta, la empresa le pasa la siguiente oferta:

- Percibirá el mismo sueldo pensionable hasta dentro de dos años que pasará a las expensas del Estado, por supuesto dejará de percibir las primas de productividad y objetivos, la empresa le compensará con 90.000 euros de indemnización en dinero "B" y su sueldo le quedará el máximo permitido oficialmente o sea sobre 25.000 euros anuales. Caso de no aceptar la empresa se vería en la necesidad de disponer de sus servicios en la ubicación que considerara más conveniente, si acepta el cese, el efecto será prácticamente inmediato.

La suerte estaba echada desde hacía tiempo, sabía que no me podía negar y litigar con una multinacional, ya desde hacía tres años otros compañeros pasaban anualmente a la prejubilación forzosa. Había que hacerse a la idea, estampé mi firma contento, eran muchos años de vida laboral y ahora era mi época de vivir.

Vivo en una casa confortable con Emilia mi esposa, esa misma noche le conté lo sucedido, pero omití lo de la indemnización en "B".

- Juan, querido, no te preocupes, nuestra hija Ana se independizó hace cuatro años, nuestros gastos son mínimos, tenemos ausencia de deudas y después de pagar impuestos con unos 1.700 ò 1.800 euros mensuales netos, no nos sobrará mucho pero no nos faltará nada.

A los pocos días cuando tenía todo el papeleo hecho, me encontré a la salida de mi casa a Luis, compañero también prejubilado desde hacía tres años y que había trabajado a mis órdenes en la sección, tomamos un café y cambiamos impresiones sobre su futura situación.

- Vamos Juan, ahora te toca vivir y dedicar esas horas que destinabas a la empresa a tu persona, además con la ventaja que a estas alturas no te va a engañar nadie, cuídate, renueva tu vestuario cambia el "look" y sobre todo sal de la casa, para no ser un esclavo de tu mujer. Aprende a quererte y aunque te parezca extraño a nuestra edad se "liga", lo que yo te diga, hay mucha separada, divorciada y viuda de buen ver que se prestan al flirteo y hacen locuras juveniles. Yo, con esta presencia llevo dos a la vez, Viagra y a rodar se ha dicho, así que a ti se te tiene que dar mejor.

En realidad no me disgustada el planteamiento de Luis, ya estaba bien, se merecía algo más, había satisfecho los caprichos de mi mujer e hija, Emilia no había tenido necesidad de trabajar fuera de casa nunca, Ana había estudiado su carrera con máster en el extranjero, no habíamos ahorrado pero si vivido al día con ritmo alto a costa de mi dedicación a la empresa.

A los dos días mi esposa Emilia me comunica que había decidido estudiar inglés en una academia, era una actividad que tenía pendiente desde hacía tiempo y además estaba cerca de su centro de yoga, ahora con él en casa tendría más tiempo para sus cosas.

Cansado de escuchar música decidí salir a unos grandes almacenes con el fin de comprar un libro, aproveché que un autor de moda estaba firmando dedicatorias y me puse en la cola, detrás de mí se ubicó una mujer bastante atractiva, con la cual inicié una conversación sobre la obra, una vez obtenida y siguiendo la conversación la invité a un café. Sobre los 40 años, alta y curvilínea no necesitaba vestir provocativamente para llamar la atención, se le notaba un porte elegante.

Me dijo que se llamaba Irene e intercambiamos el número de teléfono con la excusa de facilitarnos webs de libros electrónicos e intercambiar títulos. Al cabo de una semana me llamó y nos citamos en su casa con la pretensión de efectuar ajustes en su ordenador, para no alargar el relato, intimamos y nos veíamos entre dos y tres veces por semana. Cuando quise darme cuenta me había presentado a una amiga, Laura con supuestas dificultades económicas, atractiva y malcasada que acabó compartiendo nuestra intimidad.

Mi situación se complicaba, renové mi vestuario, compraba Viagra, alquilé un apartamento para mis encuentros, ayudaba económicamente a Laura, mi esposa Emilia me hizo comprar un coche nuevo para futuros viajes y entré en una espiral de gastos tremenda.

Para colmo, mi hija Ana me llamó para decirme que tanto a su pareja como a ella los habían despedido del trabajo al efectuar la empresa reducción de plantilla, al haber avalado la compra de su casa, me tocó afrontar los recibos de hipoteca pendientes de pago hasta que cobraran del fondo de garantía.

Mis amantes Irene y Laura me llamaron por teléfono chantajeándome , me indicaron que tenía que pagarles una cantidad de dinero bastante elevada, si no quería que aparecieran en Internet grabaciones íntimas hechas en la alcoba del apartamento, después de pagar, tuvieron la desfachatez

144

de remitir las grabaciones originales a mi casa, con la mala suerte que mi esposa Emilia las interceptó, solicitó el divorcio y se quedó con la casa que después vendió, pues la tuve que ceder para parar una denuncia por el dinero "B" no declarado, mi esposa se enteró del dichoso dinero "B" por mi falso amigo Luis, orquestador de esta trama y conchabado con mis amantes que en realidad eran las suyas y tomando venganza por haber despedido en tiempos pasados a un amigo de Luis que también trabajaba en la sección de la Empresa que yo comandaba.

Resumiendo Sr. Juez, me quito la vida por lo siguiente:

- La empresa me estafó siempre con el trabajo y con el dinero cobrado, mi alta dedicación fue desproporcionada y en realidad ese tiempo era de mi familia a la cual no atendí adecuadamente.

- Por lo dicho con anterioridad mi esposa tenía una relación extramatrimonial desde hacía años con un profesor de yoga más joven y al cual colmaba de regalos, además en las puertas de la vejez al estar más tiempo en casa se dio cuenta que me había cogido manía.

- Las relaciones con mis amantes me arruinaron, al dedicarme tanto tiempo a trabajar no sabía de mujeres (yo creía que sí) y no me daba cuenta que todo era fingido.

- Algo similar me pasó con Luis, nunca supe hacer amigos, tal vez por falta de tiempo, confundí a los compañeros de trabajo y al compadreo con la amistad.

- No supe llenar mi vida, ni antes ni después de jubilado, no supe recuperar aficiones perdidas, ni a mis seres queridos, no fui capaz de pedir perdón y enmendarme dentro de lo posible, tímidamente flirteé con la música y lectura.

- Mi hija no me habla, perdí la indemnización por el gasto desmedido y el pago a las amantes, las deudas me acosan, no tengo crédito dado que mis tarjetas están a tope, no tengo casa y el sueldo a punto de embargo.

- Por eso, Sr. Juez, estoy de sobra, porque soy tonto de remate, lo malo es que me creía listo.

NOTA:

- Al intentar ahorcarse Juan, se rompió la cuerda, la suerte quiso que se diera un tremendo golpe en la cabeza provocando un coágulo en el cerebro que lo tiene en coma, los médicos creen que oye y piensa, pero no puede moverse ni hablar, le diagnosticaron depresión post-laboral. Creo que si piensa, será que el trabajo no dignifica, su exceso embrutece.

- Emilia encontró la carta y la guardó para evitar complicaciones, sigue con su amante, disfruta del importe de la venta de la casa

- Las amantes Irene y Laura destinaron el dinero a rejuvenecerse, se hicieron liposucciones y adictas al Botox y así seguir pillando incautos.

- Ana, la hija, volvió a encontrar empleo en precario, su pareja la abandonó y vive alquilada.

- Luis está satisfecho con la venganza pero tiene problemas con la Viagra, por su abuso tiene espasmos musculares, al parecer irreversibles.

**José Bueno**

# El ordenador central

La madre que lo parió, cómo pueden hacer esto, dijo Federico antes de doblar el periódico y subir al coche para enfilar hacia el trabajo. Tuvo un día pésimo, estaba malhumorado, todo le salía mal.

Al final de la jornada pasó por contaduría para cargar su tarjeta en la máquina pagadora del sueldo mensual, y se dirigió al café de la esquina para encontrarse con sus amigos; en realidad de café, solo el nombre que la ancestral costumbre de los parroquianos le daban, pues hacía ya 3 años que en los bares no se servía café ni té porque –decían– eran infusiones estimulantes que contenían cafeína, teobromina, etc. y estaban prohibidos. Solo se consumía en lugares privados y si se conseguía en forma clandestina, como en otras épocas la cocaína y otras sustancias proscriptas por la ley.

En la mesa del "café" lo esperaban el flaco Aguirre, que no sabía lo que era trabajar pese a que su situación económica era más bien penosa; el "tordo" Galván, escribidor en el semanario del barrio; el "petiso orejudo" que se dedicaba al corretaje de seguros; Jorge, el peluquero bohemio que siempre tenía alguna anécdota de sus clientes para contar; y el "gallego" Gutiérrez cuyo padre tenía tienda y por ese motivo era el mejor empilchado de la barra –y como la vestimenta ayuda, el que tenía más éxito con las minas–.

En el preciso momento de la llegada de Federico, los muchachos estaban comentando lo que había acontecido 10 años atrás con la prohibición del alcohol, medida tan desacertada como la que en la década de 1920 impulsaron las autoridades norteamericanas con la llamada "ley seca" que originó el auge del "gangsterismo" con su secuela de muertes, corrupción, la destilación clandestina de licores y otras consecuencias no menos funestas; y que si en nuestro país no alcanzó las mismas dimensiones se debió a la falta de "cojones" de los muchachos de la pesada, que a los dos años de represión policial tiraron la toalla y se dedicaron al proxenetismo.

Federico les recordó que habían transcurrido 15 años de la famosa prohibición, la primera de todas, la del tabaco; y les recordó que en ese mismo "café" y en esa misma mesa habían leído y discutido los artículos de Javier Marías en *El País* de los domingos, unos apoyándolo y otros en contra de lo que afirmaba. Les recordó también Federico que aunque él fumaba muy poco (casi no fumaba) había estado de acuerdo con Javier no tanto por los derechos de fumadores o de no fumadores, sino por estar en contra de las prohibiciones, de la intromisión del Estado en todas las facetas de la vida de los individuos.

- Che, pero aparte el Ordenador Central anuló por decreto la segunda ley de la termodinámica, dijo Jorge.

- ¿La qué? preguntó el "petiso orejudo", que en cuestiones de física no era muy enterado. A lo que Jorge le replicó: -Esa ley de la máxima entropía a la que tiende el universo.

- ¿Y eso de entropía cómo se come? ¿Es un nuevo embutido?

- Andá, no te hagás el boludo, mejor te explica el "tordo".

- ¿Vos vistes cuando en una habitación de un chico están todos los juguetes acomodaditos en un rincón, y llega el pibe y al rato están en un total desorden, desparramados por todo el cuarto? Bueno, fijate vos que lo mismo sucede con los gases, imaginate una caja llena de moléculas gaseosas y de algún modo las arrinconás; luego las dejás que se muevan libremente y al rato te ocupan toda la caja. Lo mismo sucede en una habitación, sea pequeña o grande es lo mismo, y querer poner en un sitio "sector de fumadores" y en otro "sector de no fumadores" sin separación física, tabique o lo que sea, es una boludez más grande que una casa, ¿o se creen que hay un decreto-ley-cortina que impide a las nubes de humo del cigarrillo franquearla hacia el otro sitio?

Pero dejemos este tema y volvamos a la intromisión del Estado. Miren cómo estamos ahora: el Presidente de la nación es casi una figura decorativa que solo refrenda las leyes que el Ordenador Central, basándose en millones de datos estadísticos, elabora "per se" para que se impongan como decreto-ley. ¿Y las Cámaras de Representantes?

*(En ese momento pasa por la vereda contoneando las caderas una "mina" deslumbrante y todos a la vez giramos la cabeza para seguirla con la vista a través de la ventana; el "flaco" Aguirre se destapó con un "miren que culito precioso" y el "tordo" Galván le increpa "¿pero vos sos loco? ¿Sos boludo? ¿No ves que te pueden demandar por acoso sexual?").*

¿Cuánto hace que desaparecieron los diputados? Ya va para 2 años. Tensaron tanto la cuerda con sus leyes y tejes y manejes que no se daban cuenta que se iban encerrando cada vez más en un círculo tan estrecho que finalmente les resultó imposible escapar del mismo. Y ya no hacen falta pues el Ordenador Central, al que le hicieron el caldo gordo, se encarga de todo.

No hay dinero en circulación, todo se cobra y se paga con una tarjeta, el dinero físico no existe más que en la imaginación de las personas pues ahora todos son asientos contables y la privacidad económica, como tantas otras privacidades, desapareció. Todo está en manos del Ordenador Central y a través de él se puede saber cuánto dinero tiene cada persona en su tarjeta electro-magnética, cuánto gasta, qué saldo le queda en cada momento. Estamos a un paso del "Un mundo feliz" que imaginó Huxley.

Y ahora esto; es el acabose. Según dice el periódico de hoy –25 de enero de 2021– es para que la Seguridad Social sea viable; el Ordenador Central descubrió que ya no pueden tratarse más casos de resfríos y de gripes para que se sostenga el sistema, y que hay que evitar que la gente se contagie los virus que originan estas afecciones.

Como el Ordenador Central detectó que la proximidad entre las personas ocasionaba la mayoría de casos de esas enfermedades, en el día de la fecha decretó la prohibición del funcionamiento de los cines.

**Cesar Tamborini**

*Este relato recibió el Primer Premio en el "Primer Concurso de Relatos Cortos Río Órbigo" y "Mejor Relato Local" (Veguellina de Órbigo, León, abril de 2011).*

# Carta de despedida al primer amor

Querida Amiga:

Resulta difícil olvidar tus enormes y expresivos ojos, con esa mezcla de sensualidad e inocencia. Una sensualidad que se extiende desde tu rostro hasta tu delgada cintura –tan flexible, tan ágil cuando nadas con maestría sin igual.

Tus encendidos cabellos flotando como algas, quedarán como un recuerdo tatuado en mis manos. Solo en sueños pude ver tus senos que siempre escondes entre dos conchas marinas color púrpura: las guardianas de tu pureza.

Siempre me escuchaste en silencio, atenta como nadie, cuando ya no podías encantarme con tus magníficos solos. Nunca sentí celos de tus fieles amigos. Sé que ellos seguirán cuidando de ti, ahora, que yo he tomado un nuevo rumbo.

Con mi entrada a la pubertad, mis hormonas comenzaron a revolucionarse. No entendía cómo era posible que no fueras igual a las niñas con las que había estudiado. No me malinterpretes. Yo estaba enamorado de ti, y justamente porque eras diferente.

Pero ahora, experimento ciertas necesidades…

Y tu cola de sirena, Ariel, me resulta resbaladiza y, desafortunadamente, poco práctica.

Te digo adiós, aun a sabiendas de que nadie me dará un abrazo igual al tuyo.

Pero, Amiga, amor mío, trata de comprender que cuando despierto cada mañana soy muy consciente de la distancia que nos separa. Esos veinte centímetros son más largos que la Gran Muralla China, cuando se trata de dar rienda suelta a los instintos más básicos de mi ser… humano, tan diferente al tuyo de Mujer-Pez.

Lo siento… muy sinceramente. Sé que es la segunda vez que te rompen el corazón. El príncipe Eric –a quien salvaste del naufragio– flaco favor te hizo. Nunca debes fiarte de príncipes y reyes. Con gran dolor lo has aprendido. Pues luego siempre tergiversan la historia, y hasta tal punto lo han hecho que lo que cuenta Disney al final de su película es una gran mentira.

Te quedaste sin boda y sin piernas, con tu cola de salmón, en vez de la del traje de novia.

Ahora yo –que una vez recompuse las trizas y las volví a unir para que la bondad de tu corazón siguiera existiendo– te digo adiós también.

Y es que así somos los hombres… aunque luego, cuando nos hacemos mayores (como mi bisabuelo), ya no haya distancia que nos separe, porque sin las gafas no logramos ver más allá de nuestras narices, y la Gran Muralla China se ha derrumbado para siempre.

Con el agradecimiento por la compañía que fuiste en mi niñez, Juancito (o Little Jonnhy, como tú me llamabas).

Desde hoy en adelante, Juan Grande.

**Marián Muiños**

## Mensajes del corazón

Tú en esta vida, querida niña, estás viviendo en un campo de flores y de malas hierbas, pero tu destacas entre todas ellas, por ser una de las flores más hermosa. No necesitas de las otras, destacas por ti misma, crees, equivocadamente, que necesitas apoyo de las otras para sentirte fuerte, no te das cuenta que las "otras", algunas veces, necesitan de ti, mira tu interior y exterior, no tienes nada que envidar, tu brillas por ti misma, si parara tu mente no verías tus tinieblas, verías sorprendida, tu brillante luz.

**Sonia Jordá**

# Los condenados

Acurrucados, temerosos, alertas. Todos estaban aguardando la macabra hora de su trágico final.

Ese rectángulo que los contenía era su última morada de vida, después, perderían uno a uno sus cabezas en una muerte explosiva, brillante, inexplicable.

Un hilo de luz se filtró por la abertura y, una vez más, uno de ellos fue arrancado de allí sin contemplaciones. Escucharon luego el forcejeo y el estampido y, temblando de furia y de miedo, comprendieron que otro de sus hermanos había muerto.

Era verdaderamente aterradora aquella incierta espera. Ninguno podría imaginar quien de ellos sería el próximo. La inminencia de la muerte exacerbaba el albur que cada uno correría.

Eran elegidos al azar, sin discriminar. El verdugo, ni siquiera se detenía a mirarlos, sabía muy bien que debían morir, tarde o temprano, inexorablemente.

La voz llegó hasta ellos y los sacudió con su fatídico sonido.

- ¿Dónde dejaste los fósforos?

- *Sobre la alacena. Respondió otra voz.*

La gigante mano tomó a otro de ellos y con terrible saña le arrancó la cabeza al frotarlo sobre el costado de la caja que los contenía.

**Norberto Pannone**

## Vuelta a casa

Corría rauda una lágrima por su mejilla; él mismo estaba asustado, le habían pegado y amedrantando. Esperaba más golpes. Pero en ese momento el niño miró hacia la puerta que se abría renqueando como de costumbre. Entro la madre aterida de frío, sus ojos se fijaron en el "hallar" que seguía apagado, ni una ligera lumbre calentaba el ambiente.

No había recogido mucho dinero delante de la Iglesia, esa mañana. La gente va cada vez menos a misa, se decía. El marido le había quitado lo poco recaudado, y había vuelto a la taberna, no había podido comprar el pan y la leche que el niño necesitaba.

Los primeros copos de nieve empezaban a caer, en ese momento había un silencio que lo invadía todo, una calma que penetraba lentamente, las embotadas manos habían dejado de doler, el persistente pinzamiento en el estómago había desaparecido. Sin saber porque, se sentía bien, quizás a fuerza de sentirse tan mal, tan desesperada.

El niño la observaba, estaba mojado, ya tendría más de dos años, pero continuaba "mojándose", cada vez que su padre se acercaba para chillarle cualquier insulto o soltarle un bofetón.

A los golpes del padre se añadían los empujones de la madre que se dejaba caer sin aliento, sobre el derruido sofá. Vencida por el cansancio, la adversidad y el desamor, se durmió.

Y así, sin comer, el llanto del niño se iba debilitando hasta que entraba en un sopor, en donde la incomprensión y el absurdo todo lo invadían.

Cuando Irene traspasó la puerta, sobre la silla desencajada dormía el niño, la madre hacía lo propio, sobre el desvalijado sofá. Afuera la nieve había cuajado. Una capa blanca lo cubría todo.

- ¡María, despierta que es Navidad!

- ¡Y qué! ¿Has traído turrón?, balbuceó, medio dormida la madre.

- No, pero os voy a llevar, dijo Irene, su hermana.

- ¿A dónde?

- ¡A casa! Esto se ha terminado. Es hora de retomar la vida con los valores que siempre has sustentado. El amor no puede pedir este alto precio: tu degradación.

Media hora después salían por la puerta los tres. María arrastraba los pies, andaba de forma imprecisa y titubeante. Irene apretaba al niño, su sobrino, contra su pecho. Se dirigieron lentamente hacía el coche que estaba aparcado al lado del montículo de escombros.

- ¡Se ha terminado de padecer! Los padres nos esperan.

Cuando el coche pasó por delante de la taberna, un hombre eufórico salía dando gritos, profiriendo insultos a los que quedaban dentro y lanzando mil promesas al aire de futuro para su hijo y esposa que nunca se cumplían y que solo las profería cuando el alcohol empapaba su cuerpo.

Esta vez Irene sujetó a su hermana.

- Déjalo, se ha casado con la bebida, tú y el niño, le importáis muy poco.

Poco tiempo después, la joven madre volvió sola a su casa.

Empapada de lluvia, María abrió la puerta de la humilde casa, miedosa por lo que se pudiera encontrar; entró, con cierto sigilo a cuasi la única habitación de la casa. Una mesa, tres sillas, unas cacerolas en un banco y un pequeño hornillo para elaborar las comidas. Una vieja cortina de basto paño azul separaba la entrada a un pequeño cuarto.

Con sigilo, acercose temerosa y suavemente corrió el leve paño que separaba la alcoba de la entrada... y, como si de un milagro se tratara, estaba él, el marido, acurrucado, roncando suavemente.

A María se le iluminó la cara y una súbita alegría envolvió toda su figura, se abrazaron mutuamente con una firme promesa. Él, el marido, le prometió que ya no volvería a causarle más dolor y tristeza y de rodillas, las palmas de la mano en oración, le pidió perdón...y diole un beso en la mejilla.

Emi Perez

**De la autora**

Nací en Cocentaina, provincia de Alicante, el 26 de abril de 1943. Mi infancia y adolescencia trascurrieron en los oscuros tiempos de la posguerra, en donde las libertades estaban constreñidas y la miseria y la represión cubrían todos los aspectos y circunstancias de la vida social.

Hice mis estudios primarios y tres años de contabilidad y comercio, que me permitieron trabajar en oficinas como administrativa. A los 19 años emigré a París, en donde estaban mis padres. En la capital francesa trabajé y estudié, consiguiendo mi diploma de lengua francesa, además de estudios en Literatura, y "Civilisation Française". De vuelta a España he trabajado en colegios, en varias empresas en el departamento de exportación, atiendo a varios "cabinets" de Abogados y Notarios en asuntos puntuales de conflictos jurídicos y en herencias, únicamente limitados a la traducción.

Reconozco que mi pasión es la literatura, más en prosa que en verso. He colaborado en la revista *Evocación* de París, *Cenit* de Francia, *Orto* de Barcelona, *Tierra y Libertad* de Madrid, colaboro esporádicamente en el periódico local *El Nostre-Ciudad. Polémica* también de Barcelona, *Canfali* de Benidorm, y formo parte del equipo de la revista *Siembra*.

Mis trabajos van dirigidos a fomentar la toma de conciencia y posible denuncia de los problemas que atañen a nuestra sociedad. He concluido el tercer año de Sociología y algunas asignaturas de cuarto que no pude terminar por atender a mi padre enfermo. Carrera que cursé a través de la UNED en asignaturas independientes.

En 1986 publiqué un libro, *Una nueva economía, socialización y colectividades alcoyanas 1936-1939*. Se trata de un trabajo periodístico, fruto de una investigación de dos años, de un periodo histórico de Alcoy en concreto, pero que atañe a todo el resto del país que quedó del lado de la República durante la guerra civil. Hoy está pendiente de una nueva edición por parte de la Fundación Anselmo Lorenzo.

En 2002, LiArt Internacional, Inc. de Miami (EE UU) otorgó el segundo premio en narrativa a mi cuento *El Brazalete*.

En 2011 publiqué *Retazos históricos de la posguerra 1939-1953*, una recopilación de vivencias de las décadas 40 y 50 del siglo pasado, en el que mayormente se reflejan los avatares y sufrimientos de las mujeres de la generación de mi madre y abuela. Personas que nacieron en el primer cuarto del siglo XX y finales del XIX, y que vieron su juventud y sus ilusiones truncadas por la guerra civil y que tanto aportaron en busca de una democracia anhelada por todos.

En 2005 fui entrevistada por el periodista austriaco Oliver Ressler sobre las colectividades y mi trabajo hoy forma parte de una exposición itinerante patrocinada por la Universidad austriaca de divulgación cultural y medios alternativos. En 2008 Oliver me comunica que la exposición sigue itinerante con mucho éxito y que en ese momento estaba expuesta en Belgrado.

En la medida de lo posible, sigo escribiendo textos literarios y de opinión en pro una sociedad más justa y libre.